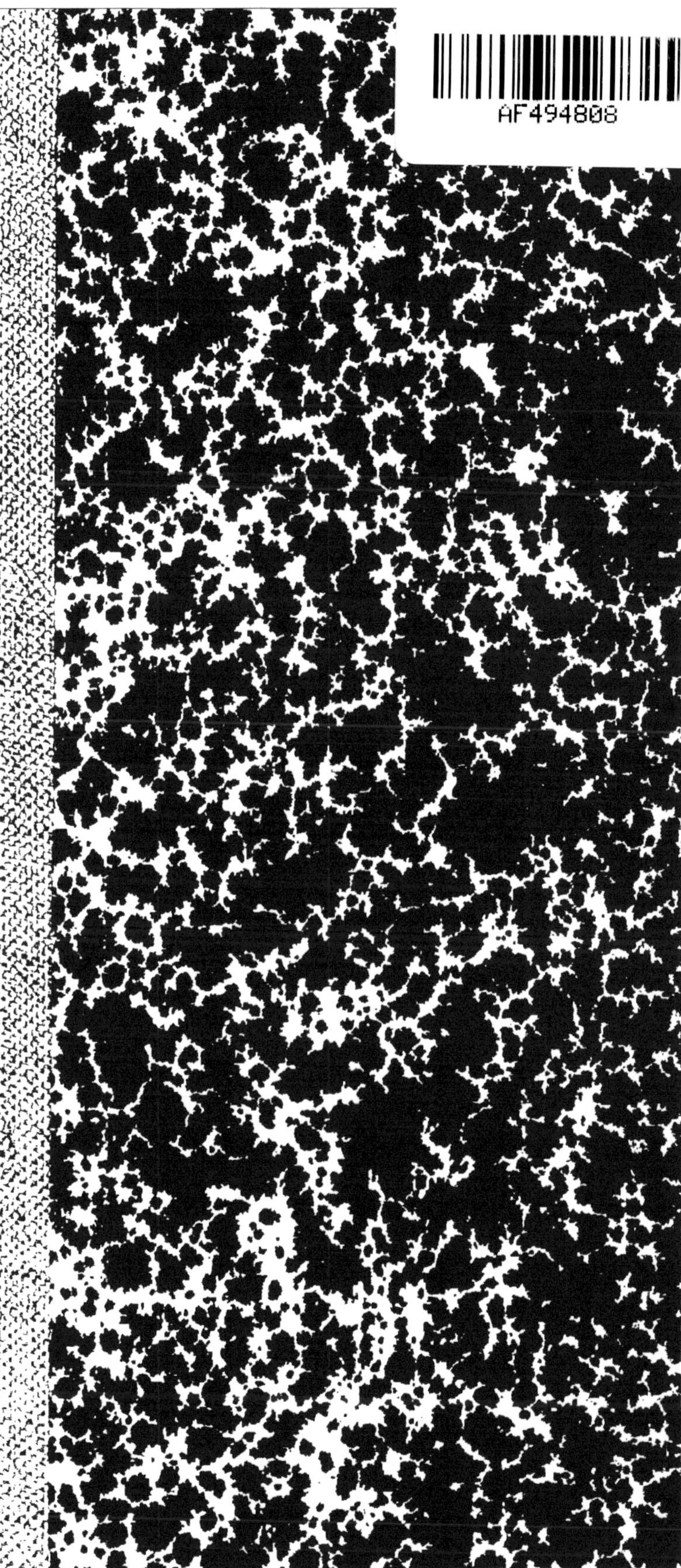

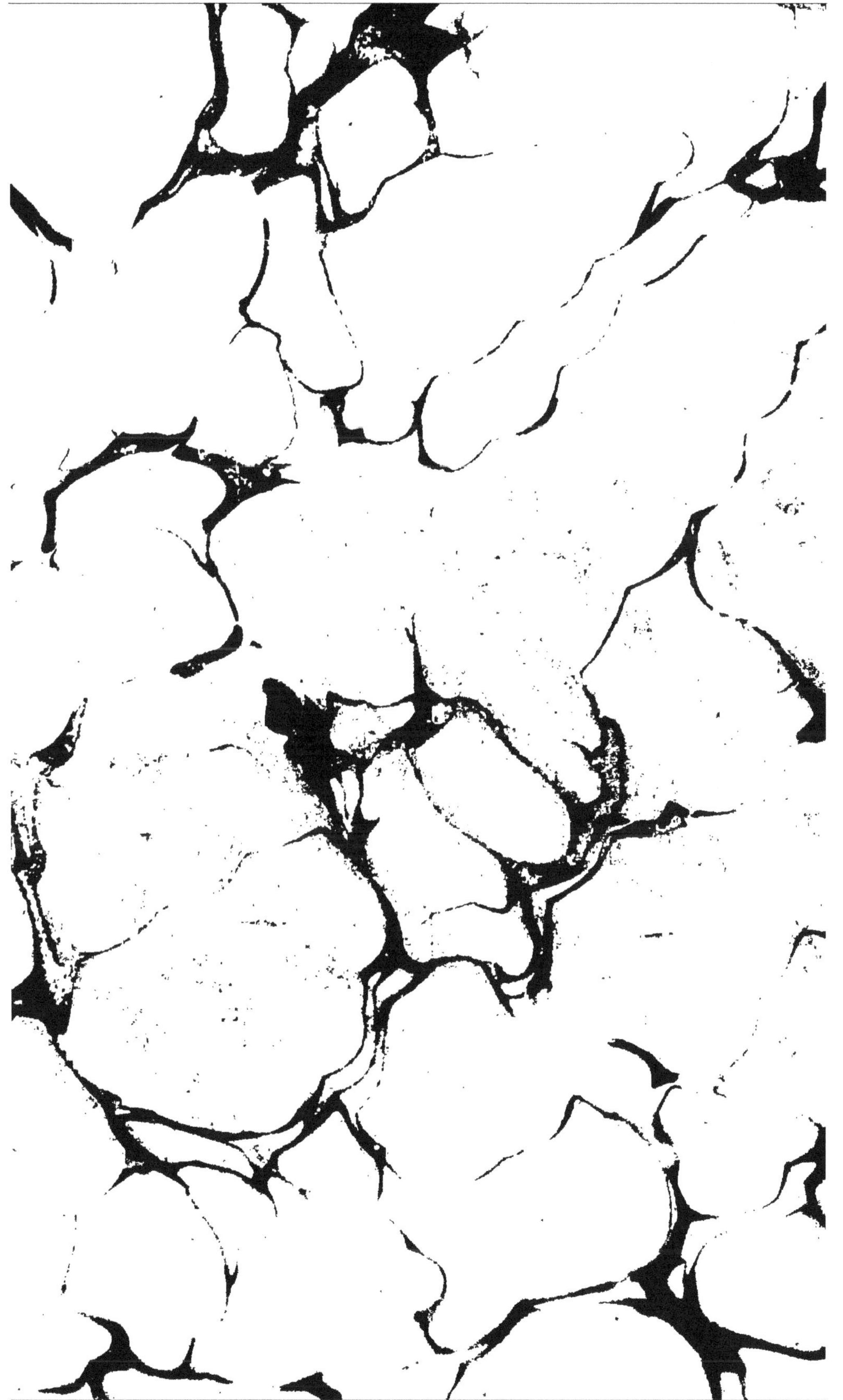

GINA LOMBROSO

DOCTEUR ÈS LETTRES, DOCTEUR EN MÉDECINE

VIES DE FEMMES

PAYOT, PARIS

VIES DE FEMMES

PRINCIPAUX OUVRAGES DU MÊME AUTEUR

Sur les Conditions Sociales et Economiques d'un Faubourg de Turin, Roux Frassati, éditeur. Turin, 1896.

Sur les Effets des Lois Protectrices du Travail. Socialismo. Roma, 1904.

Les Avantages de la Dégénération. Bocca, éditeur. Turin, 1904.

L'Homme Aliéné de Cesare Lombroso reconstitué par sa Fille. Bocca, éditeur. Turin, 1913.

Dans l'Amérique du Sud. Treves, éditeur. Milan, 1909.

L'Homme Criminel suivant Cesare Lombroso. Putnam, éditeur. New-York. 1910.

Cesare Lombroso. Sa vie et ses œuvres racontées par sa fille. Bocca, éditeur. Turin, 1916.

Le Pour et le Contre. Réflexions sur le Vote des Femmes. Addi, éditeur. Florence.

Pourquoi le Machinisme ne fut pas adopté dans l'Antiquité. Alcan. Paris, 1920.

L'Ame de la Femme.
Edition française, Payot, Paris.
Edition italienne, Zanichelli, Bologne.
Edition anglo-américaine, Dutton, New-York.
Edition suédoise, Gebers, Stockholm.
Edition allemande, Sieber, Francfort-sur-le-Mein.
Edition hollandaise, J. Thieme, Zutphen.

La Femme aux prises avec la vie. Payot, Paris. 1924.

GINA LOMBROSO

DOCTEUR ÈS LETTRES, DOCTEUR EN MÉDECINE

VIES DE FEMMES

PAYOT, PARIS

106, BOULEVARD ST-GERMAIN

1926

Premier tirage, mai 1926

DÉDICACE

A toi, maman, le récit de ces vies que j'ai vues fleurir et défleurir près de toi, chères figures humbles et gaies pour lesquelles le bonheur des autres a été, comme pour toi, l'ambition suprême, le rayon le plus lumineux de leur existence.

Le public moderne s'imagine que chacun ne doit poursuivre que son propre bonheur; il s'imagine que les sacrifices et les soucis sont toujours choses effroyables, que l'ambition suprême de la civilisation moderne doit consister à les écarter complètement de la vie. C'est que le public moderne n'est pas composé de mères. Il a oublié pourtant que la femme ne veut pas la suppression des sacrifices, mais veut des compensations qui y répondent, la reconnaissance et l'affection. Gilda, Vic et Giuditta ont été heureuses, comme tu l'as été, toi, maman, malgré tes tourments, parce qu'elles ont poursuivi un autre but que leur propre bonheur.

La vie a sa raison d'être, parce qu'elle est une chaîne qui nous lie au passé et à l'avenir; chaque anneau de cette chaîne est rivé à coups de marteau qui frappent sur le cœur de chacun de nous. Naissances, morts, maladies, mariages, aspirations des maris, des enfants, voilà autant de tourments pour les mères, tourments qui sont, en réalité, la partie la plus lumineuse de la maternité, quand ils aboutissent à un résultat effectif.

Ta vie a été âpre et douloureuse, mais c'est aux sacrifices que tu as faits que nous devons notre enfance heureuse, notre jeunesse confiante, notre maternité féconde; c'est grâce à tes sacrifices que nous pourrons transmettre à nos enfants le flambeau que nous avons reçu de toi en naissant.

Puissent nos enfants bénéficier de nos

peines comme nous avons bénéficié des tiennes! Puisses-tu, en retrouvant si souvent dans ces récits tes propres sentiments, comprendre les biens que tu nous a donnés et qu'a si profondément goûtés

TA GINA.

PRÉFACE

Du jour où je commençai à étudier la femme dans son principe, je me rendis compte que les femmes les meilleures sont aujourd'hui méconnues. Elles sont méconnues parce qu'on n'a pas accoutumé le public à les comprendre et à sympathiser avec elles, parce qu'à part quelques exceptions, les romans ne lui en parlent pas et que les théâtres où il va ne les lui montrent jamais.

Des individus qui nous entourent, nous ne voyons qu'une partie, et même une partie tronquée, interrompue; leurs intentions et leurs actions nous demeurent souvent cachées et incomprises si on ne nous les explique pas.

De même que l'historien, en étudiant et en décrivant les événements du passé dans leur courbe complète, réussit à nous expliquer la courbe finale des événements d'aujourd'hui, dont nous ne voyons qu'une phase, de même le romancier, caractérisant avec art les individus qui nous entourent, nous les fait reconnaître mieux dès qu'ils passent devant nos yeux. En effet, quand un romancier de valeur nous donne un caractère bien défini de femme ou d'homme, nous en découvrons autour de nous des centaines de semblables.

Or, les meilleurs caractères de femmes — déjà rares dans les romans de toutes les époques, parce que ce sont ceux qu'il est le plus difficile de mettre en relief — ont presque complètement disparu du théâtre et du roman modernes, qui, pour des raisons différentes, nous offrent sous les couleurs les plus brillantes des héroïnes tantôt fausses, tantôt criminelles, tantôt folles sur lesquelles ils ont réussi à attirer l'attention du public et ses sympathies.

Pour sortir de ce cercle vicieux, j'ai pensé qu'il serait très utile d'engager les meilleures femmes à écrire leur autobiographie, ou la vie de quelque femme également bonne qu'elles ont connue, pour montrer au public les mobiles qui les font agir. Mobiles bien différents de l'envie, de la jalousie, de la soif de vengeance, du désir de paraître, qui, dissimulés et idéalisés sous des noms brillants, sont les moteurs principaux des héroïnes à la mode.

Mais les femmes auxquelles j'eus recours ne me comprirent pas. J'ai alors essayé d'écrire des vies de femmes que j'ai connues dans l'intimité pour faire comprendre aux autres ce que j'attendais d'elles.

Ce que je présente ici au lecteur n'est pas un roman inventé : c'est une suite d'histoires véritables, des simples et fidèles biographies. Et ces biographies n'entreprennent pas de raconter les exploits des héroïnes dont la destinée ait été particulièrement tragique, romanesque ou aventureuse. Il s'agit d'héroïnes dont les angoisses et les joies n'ont pas dépassé le seuil du foyer domestique : mères, filles, épouses, sœurs, tantes et rien de plus; mais qui ont su être filles, mères, épouses, tantes d'une manière délicieuse.

Mon espoir, c'est d'amener avec ces vies un plus grand nombre de femmes — les meilleures — qui vivent ignorées dans les différentes parties du monde à raconter leur existence.

L'histoire vraie de femmes normales écrite avec conscience pourrait avoir, je crois, une importance considérable pour résoudre la plupart des problèmes féminins.

D'un côté, ces histoires montreraient au public comment on peut résoudre pratiquement beaucoup des problèmes de la vie. De l'autre côté, le public y prendrait un certain intérêt et les romanciers pourraient se résoudre à exalter des héroïnes moins provoquantes et moins fausses... et le cercle vicieux serait brisé...

Je ne me fais pas d'illusions. Je sais bien que la chose n'est pas facile, mais l'enjeu est assez beau pour qu'il vaille la peine de tenter la partie. C'est ce qui m'a décidée à écrire ces trois vies.

GINA LOMBROSO.

Florence, 1925.

VIES DE FEMMES

CLARA ET VIC

(Londres-Turin. 1875-1910)

I

> Clara, nature inquiète et aventureuse, appuyait les projets de son père, et Vic qui aimait ce qu'elle avait et se défiait de ce qu'elle n'avait pas se laissait entraîner par Clara.

Clara avait quatorze ans, et Vic treize, quand leur père, Giovanni Piccozza, prit le parti de céder le beau magasin qu'il tenait dans Picadilly, pour retourner à son pays natal de Rivara et y redevenir un homme des champs.

Type curieux d'ancien paysan enrichi, le signor Piccozza était un homme d'une probité scrupuleuse, mais bourru, avare, rude et dont le despotisme — avec toutes les qualités et tous les défauts du personnage — pesait lourdement sur la maison. Il devait sa fortune à la petite dot de sa première femme, Bianca Pearson, avec laquelle il avait ouvert à Londres ce magasin qui était encore prospère. Il n'avait pas aimé Bianca Pearson, trop différente de lui par sa naissance et par son caractère. Il lui avait fait une existence malheureuse, sans cependant jamais oublier ce qu'il lui devait.

De ses gains, il avait toujours fait deux parts égales, une pour lui et une pour elle et les enfants qu'il avait eus d'elle, comme intérêt du capital qu'elle lui avait confié.

Après la mort de Bianca Pearson, il avait épousé une fille de son pays, Rosa, dont il avait eu Clara et Vic. Il avait connu dès son enfance la famille de Rosa, qui était la seconde fille d'un maître d'école de Rivara, mort en laissant une nichée d'enfants sans ressources; elle n'avait pas un sou de dot, mais c'était pour cette raison que le signor Piccozza l'avait choisie; il voulait sortir de la subordination où il avait vécu avec sa première femme, et, malgré sa passion de campagnard pour l'argent, il tenait à ne plus avoir affaire à une femme ayant une dot. Rosa, paisible et douce créature, s'était adaptée à une destinée qu'elle prévoyait dure, pour ne pas être à charge plus longtemps à sa sœur aînée, Joséphine, et pour venir en aide à un frère qui voulait entrer dans le commerce. Le signor Piccozza avait aidé ce dernier comme il l'avait promis, mais bien que Rosa eût été pour lui une compagne utile, intelligente et économe, il continuait à la traiter avec dédain, dédain que justifiait, selon lui, le fait qu'elle était « sans dot » et où l'intime sentiment de sa supériorité trouvait ample satisfaction.

Dans ce dédain, il avait jusqu'à un certain point englobé Clara et Vic. Filles de Rosa, elles n'étaient qu'au second plan dans son cœur, bien loin de Carlo et de Pietro, les fils de sa première femme. Ceux-ci, qui avaient hérité, étaient depuis des années déjà établis en Australie, où ils s'étaient enrichis, et il continuait à partager scrupuleusement avec eux ce que rapportait le magasin, tandis qu'à la maison il se montrait avare et regardait jusqu'au moindre sou. C'étaient Carlo et Pietro qui, se rendant compte des bizarreries de leur père, venaient, pour les menues dépenses, en aide à leur belle-mère et à leurs sœurs pour qui ils ne manquaient pas d'affection.

Dès son départ de Rivara, le signor Piccozza avait songé à une propriété sise à quelque distance du village et dominée par un château délabré qui lui avait paru, dans son enfance, la plus grande merveille du monde. Cette propriété, il avait demandé à des parents restés en Italie d'en suivre la destinée, et, sitôt qu'il en avait appris la mise en vente, il l'avait achetée.

L'acquisition faite, il ne manquerait pas de réaliser le rêve de tout paysan émigré pauvre : de revenir à son clocher sous les traits d'un riche propriétaire.

Rosa, qui connaissait le château et qui connaissait aussi son mari, ne présageait rien de bon de la réalisation de ce rêve, et elle s'y opposait, mais faiblement, à sa manière. « S'établir à Rivara, avec deux filles à caser ou à qui donner un métier, cela voulait dire les sacrifier. Une fois à Rivara, où il n'y avait ni téléphone, ni chambre de commerce, ni journaux, ni musique, ni ecclésiastiques (le signor Piccozza était très pieux), le signor Piccozza ne manquerait pas de s'ennuyer. » Tout en la faisant taire sur un ton violent, le signor Piccozza reconnaissait en lui-même la justesse des paroles de sa femme, d'autant plus qu'elles correspondaient à ses propres doutes, car il tenait à son magasin, où les affaires lui donnaient beaucoup de satisfaction; il tenait au chemin de fer, au téléphone, auxquels il s'était rapidement habitué. Il tenait au club où il retrouvait ses amis et des hommes d'église avec qui il discutait avec chaleur sur des sujets sacrés, et puis, tout en faisant une différence en faveur des garçons, il pensait aussi à ses filles, car il n'était pas dépourvu d'affection pour elles. Il aimait surtout Vic, c'est-à-dire Victoria, ainsi appelée parce qu'elle était née le jour de l'anniversaire de la reine, le jour aussi où, précisément, il avait combiné la meilleure affaire de sa vie. Enfin, malgré les colères qu'elle lui inspirait, il n'était pas indifférent à la belle Clara, qui osait lui tenir tête, mais que lui enviaient et qu'admiraient ses amis.

Si les jeunes filles avaient pris le parti de leur mère, peut-être aurait-il fini par rester à Londres. Mais Clara, nature inquiète et aventureuse, appuyait de toutes ses forces les projets de son père, et Vic qui, par tempérament, aimait ce qu'elle avait et se défiait de ce qu'elle n'avait pas, se laissait entraîner par Clara. Et puis, l'idée de partir pour l'Italie ne pouvait manquer de sourire à deux jeunes filles qui avaient fait quelques études. Un voyage à l'étranger, en Italie surtout, donne un certain prestige auprès des amis, prestige auquel Clara était loin d'être indifférente. L'idée enfin de s'établir dans cette fameuse Rivara, dont, toutes petites, elles avaient entendu parler, achevait de séduire les deux enfants. Dans l'esprit de Clara, Rivara devait être une station climatérique comme Vichy ou Salsomaggiore, où elle brillerait ainsi qu'une étoile de première grandeur.

Le départ fut donc décidé et le magasin cédé à un ami qui en donna un bon prix. La moitié de la somme fut envoyée aux fils, en Australie, et, avec l'autre moitié, le signor Piccozza et sa famille se dirigèrent vers le domaine enchanté.

Celui-ci était perdu dans les montagnes boisées du Canavesano, sur les confins du Val d'Aoste, à quelques kilomètres de Rivara, *ultima Thule* de la vallée qu'un chemin de fer rattache au monde moderne.

Dès l'arrivée, Vic fut dans l'enchantement. C'était son premier contact avec la nature. Au milieu de ces bois, de ces prés, de ces collines sauvages, si différents de la campagne peignée des environs de Londres, elle sentit s'éveiller en elle le vieux sang campagnard. Il lui semblait avoir découvert, sans avoir eu la peine de l'imaginer, le pays de ses rêves. Elle était ravie des paysans, ravie des heures qu'elle passait avec eux, toujours dehors à courir dans les bois avec les filles du pays, à chercher des champignons ou des fraises, à garder les moutons. Elle revenait le soir, exubérante de joie.

Mais Vic était seule dans la famille Piccozza à jouir ainsi de leur nouvelle installation. Rosa n'avait pas été déçue, car elle ne s'était jamais fait d'illusions, mais pour le père et pour Clara, le désenchantement était profond. Soit que ses souvenirs d'enfance l'eussent trahi, soit que le château eût vieilli avec les années, le signor Piccozza, malgré toute sa bonne volonté, l'avait trouvé inhabitable, et, bien qu'avare, il s'était résigné à dépenser pour le remettre en état une bonne part de l'argent destiné à améliorer la propriété. Ces dépenses, la déception dont il ne voulait pas convenir, la solitude, le regret des anciennes occupations et l'impossibilité de trouver quelque satisfaction dans les nouvelles, l'avaient rendu plus susceptible et plus irritable que jamais.

Il ne rompait le silence que pour faire des scènes terribles, surtout s'il s'agissait d'argent. Rosa devait se mettre bien cela dans la tête. Pas un sou ! Le pain, les œufs, la viande, le lait, la propriété les fournissait. De quoi d'autre aurait-elle besoin? Si les lointains beaux-fils ne leur avaient envoyé quelques subsides, la mère et les filles auraient dû aller pieds nus. La pauvre Rosa était la victime résignée de son mari bourru. Mais celle qui souffrait le plus, c'était Clara. Elle venait d'avoir quinze ans. Grande, agile, robuste, avec de magnifiques cheveux d'un blond roux qui tombaient sur ses épaules, à la mode anglaise, on l'avait partout admirée et partout courtisée, à l'école, au collège, au tennis, dans le magasin où elle allait parfois aider son père. Comment pouvait-elle, après avoir goûté les joies raffinées du premier épanouissement de la beauté, s'habituer à vivre au milieu des bœufs et des vaches? Il n'y avait aucune famille bourgeoise à Rivara. Le médecin et le pharmacien habitaient au village, à deux kilomètres de distance. On ne trouvait qu'une malheureuse maîtresse d'école, à demi paysanne, et un curé rubicond qui s'occupait davantage de ses vignes que de ses paroissiens.

Clara se révoltait, se désespérait toute la journée; devant son père, bien entendu, elle se retenait, mais dès qu'elle était seule avec sa mère, elle commençait à se plaindre : « Que ne l'envoyait-on dans une ville pour y terminer ses études? C'était une affaire d'un an ou deux, puis elle ne serait plus à la charge de ses parents, elle trouverait une situation; elle gagnerait sa vie. »

Au bout d'un an de plaintes inutiles, elle déclara un beau jour que, si on ne voulait pas lui permettre d'aller terminer ses études, elle partirait tout de même et se tirerait d'affaire toute seule; elle se ferait institutrice, bonne d'enfants, femme de chambre, mais elle quitterait Rivara.

Epouvantée de ces décisions qu'elle sentait irrévocables, Rosa eut une idée. J'ai dit qu'elle était le second enfant d'une nombreuse famille aux besoins de laquelle avait pourvu l'aînée, Joséphine. Avec les années et l'éloignement, les relations étaient devenues plus rares entre les deux sœurs. Elles ne s'étaient pas revues, elles ne s'écrivaient même plus. Rosa savait cependant que Joséphine était institutrice à Turin, dans une riche famille de la noblesse ; peut-être pourrait-elle venir en aide à Clara... Elle lui écrivit donc. Clara, bien entendu, savait très bien l'anglais ; elle parlait le français (à Rivara qui est sur les confins du val d'Aoste, on parle français), elle jouait assez bien du piano. Joséphine pourrait-elle lui trouver à Turin une place au *pair*, de façon qu'elle pût finir ses études?

Joséphine répondit par retour du courrier. Elle était toujours la même Joséphine — heureuse comme d'un cadeau à recevoir, si elle pouvait être utile à quelqu'un. Elle était ravie à l'idée d'avoir la fille de Rosa auprès d'elle. Entrer au pair dans une famille et achever ses études était impossible, mais si Clara venait à Turin, les *contessine* de Montebello, dont Joséphine faisait l'éloge pendant toute une page, lui offriraient l'hospitalité à son arrivée; puis la tante s'arrangerait pour trouver une pension où la nièce se fixerait. Elle avait déjà en vue un couvent dont la supérieure était une de ses amies. Elle connaissait aussi le directeur des Ecoles normales ; elle chercherait à y faire entrer Clara. Plus tard, quand elle aurait un brevet, Clara serait en mesure de mener l'existence qu'elle voudrait.

Le jour où arriva cette lettre fut pour Clara le plus beau de sa vie. Elle se rendrait à Turin ; elle y habiterait chez les comtes de Montebello. Le séjour dans cette riche maison pouvait se prolonger. Et elle irait au bal, aux fêtes, avec les *contessine*. Comme elle allait briller facilement dans le monde ! Quelle bonne idée on avait eue de venir en Italie et d'écrire à la tante Joséphine. Comment n'y avait-on pas pensé plus tôt ?

Au déjeuner, avec le plus grand calme, Clara exposa ses plans à son père. Il demeura impassible. « Si elle voulait s'en aller, elle le pouvait. Puisque la tante Joséphine voulait se donner ce souci-là, libre à elle... Quant à lui, bien entendu, il ne donnerait pas un sou, pas un seul, ni pour le voyage, ni pour le retour, au cas où la vie à Turin ne lui plairait pas. La maison paternelle lui était toujours ouverte. Elle pourrait toujours y trouver une soupe à manger et un lit pour dormir, mais hors de la maison, rien. »

Vic et sa mère pleuraient en silence, tandis qu'elles entendaient tomber les paroles du père qu'elles savaient irrévocables.

« Etait-il juste que la tante Joséphine eût la responsabilité de tout ? Fallait-il qu'elle eût cette charge, tandis qu'ils possédaient, eux, des bois au soleil, des champs et des maisons ? » Ainsi pensaient dans leur effroi Vic et sa mère ; mais Clara ne se sentait nullement démontée. Sa mère n'avait rien à craindre. Elle ne demanderait pas de l'argent à son père. Elle ne retournerait pas à Rivara, et elle ne serait pas trop à charge à sa tante. Les *contessine* lui offraient l'hospitalité. Elle s'efforcerait de leur être utile. Une bouche de plus dans une grande maison, ce n'était pas grand chose.

Pour payer son voyage et lui donner le peu d'argent nécessaire aux premières dépenses, la mère eut recours au petit magot de ses beaux-fils, et Vic sacrifia ses poules, l'unique ressource personnelle dont elle disposait. Que de calculs avaient fait cependant Vic et sa mère, au sujet de ces belles poules, choisies une à une pour bien monter la basse-cour ! Mais il n'y avait pas à hésiter : Clara ne pouvait pas arriver à Turin sans un sou. Les poules furent vendues au marchand de volailles, et Clara partit quelques jours après, rose et pimpante, ses blonds cheveux sur ses belles épaules et la joie dans ses yeux bleus.

II

> Elle était toujours la même tante Joséphine.
>
> ... elle était la protégée d'une servante. Dès lors qu'elle ne voulait pas rentrer à Rivara, elle n'avait qu'à baisser la tête.

Joséphine était à la gare, mais il fallut quelque temps à la tante et à la nièce pour se trouver et se reconnaître. Même dans ses rêves les plus dorés Joséphine n'avait pu supposer que la fille de Rosa fût aussi belle et aussi élégante. C'est que Clara était vraiment élégante dans la vieille toilette qu'elle portait, plus élégante que les petites comtesses qui s'habillaient à

Paris. Et la tante Joséphine n'osait pas l'aborder, cette belle nièce, qui de son côté demeurait hésitante et interdite devant elle. Clara s'était imaginé qu'elle allait trouver dans la seconde mère des *contessine* de Montebello, une lady pleine de dignité et d'allure, drapée dans un coûteux vêtement de velours; elle avait imaginé qu'elle l'apercevrait assise avec ses filles adoptives dans une magnifique calèche de maître, avec un valet de pied à la portière qui ferait signe à Clara de monter. Elle ne pouvait reconnaître sa protectrice dans l'humble personne menue et effacée, qui, perdue dans une cape noire, l'attendait modestement à pied.

« Aujourd'hui justement les *contessine* avaient une invitation et elles n'ont pas pu me prêter la voiture », dit la tante en montant avec les valises dans un fiacre qu'elle arrêta aussitôt, quand elle eut la certitude que Clara était la nièce attendue. « Tu verras, elles sont très aimables. » Clara fronça les sourcils, mais ne prononça pas une parole.

Elles arrivèrent au palais, qui se dressait

dans un des meilleurs quartiers de la ville. Cependant elles ne s'arrêtèrent pas sur la place en face de l'entrée principale, mais dans une petite rue latérale sur laquelle s'ouvrait la porte de service. Nul domestique en livrée ne se précipita pour aider les deux dames à descendre, quand la voiture s'arrêta. La tante paya le cocher, prit sa clef pour ouvrir la porte, et elle s'apprêtait à monter elle-même les valises de sa nièce, quand Clara, interdite, s'en aperçut et les lui prit des mains.

Elles gravirent l'étroit escalier de service et arrivèrent, sans avoir rencontré personne, à la chambre de « Mademoiselle ». C'était le titre officiel que l'on donnait à la tante chez les Montebello. La pièce était vaste, bien meublée, mais sombre et triste. Aucun bruit n'y montait de la ville et les fenêtres donnaient sur le jardin.

Au bout de quelques minutes la cloche du déjeuner se fit entendre.

— Je ne peux pas rester avec toi, dit la tante, parce que les *contessine* ne veulent pas prendre leur repas toutes seules. On te servira ici. En attendant, tu peux ranger tes affaires dans la commode. J'ai vidé pour toi les premiers tiroirs... Tu cherches le lit ? Je te le dresserai ce soir à l'aide du divan.

La tante sortit, et Clara demeura seule, consternée, prête à fondre en larmes. Elle avait donc quitté la pénible solitude de Rivara pour venir vivre, cachée comme la fille d'une servante, dans la chambre de sa tante ? C'était là l'hospitalité que les comtes de Montebello offraient à la nièce de Mademoiselle ? Autant ne rien offrir du tout.

Un domestique entra, silencieux, après avoir frappé en vain ; il apportait le déjeuner sur un plateau. Clara le renvoya avec dédain, en expliquant qu'elle avait déjà pris quelque chose au buffet de la gare. Et elle aurait voulu ajouter : « Je n'ai pas besoin que les comtes de Montebello me fassent la charité ! », mais elle se tut.

Quand « Mademoiselle » revint, Clara était immobile sur le divan, dans la position où elle l'avait laissée une heure auparavant, les valises encore bouclées.

— Es-tu fatiguée ? Veux-tu te reposer sur mon lit ? Veux-tu sortir avec moi ? Les *contessine* de Montebello t'offrent la voiture de trois à quatre heures. C'est fort aimable de leur part, car elles tiennent beaucoup à leur cheval ; il est magnifique, en effet ; tu verras. En une heure, nous pourrions voir les choses principales de la ville...

Clara n'était pas fatiguée, mais elle ne tenait pas à voir la ville, ni à aller en voiture. Elle préférait sortir à pied. Elle souhaitait qu'on l'accompagnât jusqu'à l'Ecole normale et puis aussi jusque chez les sœurs dont sa tante avait parlé dans sa lettre, et où elle pourrait prendre pension. Il lui tardait de regagner le temps perdu.

Petite tante (ce fut ce jour-là même que Clara lui donna ce cher petit nom qui lui resta toute sa vie), Petite tante fut volontiers de son avis, d'autant plus que ce n'était qu'à grand'peine qu'elle avait obtenu des *contessine* l'autorisation d'avoir sa nièce dans sa chambre, comme aussi d'avoir la voiture pendant une heure. « Comme elle était sage, cette nièce ! Tout à fait Rosa ! Elle allait certes l'accompagner jusqu'à l'école et jusque chez les sœurs, mais il fallait sortir tout de suite, car à quatre heures les *contessine* donnaient un thé auquel « Mademoiselle » devait assister. »

Elles se rendirent aussitôt chez les religieuses où elles eurent un entretien avec la supérieure, une vieille amie de la tante. La supérieure les introduisit dans le dortoir des élèves de l'Ecole normale. Justement un lit encore y restait disponible.

C'était une salle immense, triste et froide, avec de hautes fenêtres grillées qui ne donnaient qu'un jour gris. A l'un des murs s'accotait une vaste cheminée « que les demoiselles, dit la supérieure, peuvent allumer quand elles ont froid », mais qui semblait bien n'avoir jamais vu le feu. Chaque élève avait un lit, un siège, une petite armoire ; il n'y avait qu'une seule lampe au centre de la pièce, et une seule grande table; sur la paroi du fond étaient des lavabos de fer et, au-dessus des lits, six affreux chromos de saints.

Elles passèrent dans le réfectoire qui

était une autre grande salle, aussi vaste que le dortoir, aussi sombre, aussi froide et aussi nue, et qui exhalait une odeur vague de potage Maggi mêlée à une forte odeur d'acide phénique.

Petite tante approuvait, Petite tante qui n'ignorait pas les rigueurs de la pauvreté absolue, Petite tante qui avait connu la faim et les angoisses d'une famille sans toit et sans protection ; mais Clara avait le frisson.

A Londres, les Piccozza avaient habité un cottage délicieux avec des tapis par terre et de riantes tentures sur les murs, avec des fenêtres qui ouvraient sur des jardins pleins de lumière, et leurs amis habitaient aussi des appartements du même genre ou plus luxueux. A Rivara l'habitation était un vieux château restauré du mieux qu'on avait pu, mais en regard de ce couvent, c'était un vrai palais. Jamais Clara n'avait vu une demeure qui donnât une impression aussi sombre et aussi froide que ce dortoir. Mais elle comprit que Petite tante avec son salaire d'institutrice ne pouvait lui payer une pension plus luxueuse, et elle approuva sans ajouter un mot.

Petite tante sortit très satisfaite du couvent. La supérieure se contentait de soixante lires par mois, parce qu'il s'agissait d'une bonne œuvre et d'une vieille amie d'enfance. Il faudrait cinquante autres lires pour les frais d'études, les livres, le blanchissage, les petites dépenses supplémentaires, l'ensemble pourrait monter à cent dix lires par mois, et il ne serait pas nécessaire d'avoir recours aux *contessine* Montebello. Elles étaient très bonnes les *contessine* : quelle que fût la somme dont elle eût besoin, elles la lui auraient donnée aussitôt sans lésiner, mais venir en aide aux nièces était une autre affaire ! Et Petite tante se dirigeait à la hâte vers l'Ecole normale, en faisant ses réflexions à haute voix, sans qu'elle s'en aperçût.

Elle se présenta presque tremblante au directeur. « C'était une requête un peu irrégulière, celle qu'elle allait lui soumettre, elle le savait, une requête embarrassante, exagérée... Non, Clara n'avait pas de certificats. En Angleterre elle avait été élevée dans des écoles qui correspondaient aux Ecoles normales! On pouvait l'admettre pour voir ce qu'elle savait. Ce serait une action charitable et le cas était urgent : il s'agissait de sauver une jeune fille qui avait besoin de gagner sa vie. Elle s'adressait à lui comme à un père plutôt que comme à un directeur. »

Clara frémissait, en entendant parler de son admission comme d'une œuvre charitable. Elle était exaspérée à l'idée qu'on la prendrait au couvent par amitié, à l'école par compassion. Comprenant pourtant qu'elle ne pouvait rien dire, ni rien faire, elle se taisait.

De l'école aussi la tante sortit triomphante. Le directeur avait accepté. Dès demain Clara pourrait entrer ! Elle avait de la chance ! Quand on pense que Clara n'avait même pas la licence élémentaire.

Et elle trottait, elle trottait, Petite tante, comme si elle avait vingt ans, car deux heures s'étaient écoulées et elle devait servir le thé aux *contessine*. « Elles étaient si bonnes, les *contessine* ! Quand leur maman était morte, l'une avait cinq ans, l'autre six. Elle était si bonne aussi, leur maman ! Elle avait une maladie de cœur. Pendant des mois « Mademoiselle » l'avait soignée ; elle était morte dans ses bras; et, avant de mourir, elle lui avait demandé de rester avec ses filles jusqu'à leur mariage. Elles avaient tant d'affection pour « Mademoiselle » ! Plus que pour leur maman. Elles habitaient alors dans leur château de Châtillon. Puis les fillettes étaient devenues de grandes et élégantes jeunes filles; elles avaient désiré venir habiter la ville, et le comte l'avait bien voulu. A Turin leurs manières avaient un peu changé, assurément ! C'est ce qui arrive presque toujours aux jeunes filles. Elles changent vers quinze ans, quand elles commencent à voler de leurs propres ailes. Cependant les petites comtesses lui étaient restées plus affectionnées que si elles avaient été vraiment ses filles. Non vraiment; elle ne pouvait pas se plaindre; ç'aurait été de l'ingratitude... Petite tante se tut ; elle était arrivée au palais.

Comme le matin, la tante et la nièce entrèrent par la porte de service et, comme le matin, elles montèrent par l'escalier de service dans la chambre sombre de « Mademoiselle ».

— Il faut encore que je te laisse. Ecris bien vite à ta maman ! Elle doit être dans l'inquiétude. Dis-lui la chance que nous avons eue, et que tu pourras entrer dès demain à l'Ecole normale. Ah ! comme elle aurait été heureuse, ta maman, de pouvoir aller à l'Ecole normale ! Mais alors, il m'était tout à fait impossible de lui venir en aide. Je vais te faire monter une tasse de thé, tu dois avoir faim après le voyage et la promenade. Le domestique qui t'apportera le thé pourra mettre ta lettre à la poste !

Clara n'eut ni la force d'écrire, ni celle de renvoyer le domestique qui lui apportait son thé. Comment renvoyer cet homme ? Elle était la fille d'une servante, la protégée d'une servante... et dès lors qu'elle ne voulait pas rentrer à Rivara elle n'avait qu'à baisser la tête.

Le matin suivant, Clara pria sa tante de la conduire au couvent. Le couvent était horrible, bien plus horrible que la chambre de la tante, mais là au moins elle serait parmi ses égales. Pas de serviteurs en livrée pour la regarder avec commisération, pas de mauvaises petites comtesses dont il lui fallait entendre continuellement l'apologie, et puis elle aurait un lit, un lit sur lequel elle pourrait pleurer et gémir sans que personne l'entendît.

C'est ainsi que le lendemain du jour où elle y était entrée, Clara quitta la maison des Montebello, sans même avoir aperçu les *contessine* ; sa tante l'accompagna en cachette et à la hâte. Il fallait qu'à dix heures elle fût de retour pour assister au massage de ses jeunes maîtresses.

Clara avait beaucoup de travail à l'Ecole normale, et elle ne s'y plaisait guère. Il y avait de nombreuses matières qu'elle n'avait jamais abordées ; les méthodes étaient fort différentes de celles de Londres, et puis... pas de tennis, aucun de ces exercices de sport où elle excellait. Ses compagnes, ses maîtresses, avaient d'autres goûts qu'elle et que ses anciennes amies de Londres ; mais elle comprenait qu'elle devait se mettre à l'unisson des autres pour sortir de sa détresse, et elle travaillait.

Sa tante venait quelquefois la voir, de bonne heure le matin, avant que Clara ne partît pour l'Ecole normale ; elle lui demandait comment elle allait et ce qu'elle désirait ; elle lui apportait parfois des billets pour des concerts, qui d'ailleurs ne tentaient guère Clara, et puis elle partait contente, s'imaginant que Clara était heureuse.

Un jour elle arriva toute rayonnante. La baronne de Rivarolo demandait une *walking miss.* « Mademoiselle » lui avait proposé Clara. Il s'agissait d'accompagner à la promenade les demoiselles Rivarolo deux après-midi par semaine. Clara continuerait ainsi à faire de l'anglais, et elle pourrait gagner quelque chose.

Clara, refroidie par le peu d'accueil que lui avaient fait les *contessine* de Montebello, n'était guère tentée de recommencer l'épreuve avec les *baronessine* de Rivarolo, leurs amies. Il lui sembla aussi que sa tante recourait à ce moyen pour essayer de se débarrasser des lourdes dépenses qu'elle faisait pour sa nièce. Mais elle ne dit rien, et elle accepta.

Clara cette fois se trompait tout à fait. Petite tante était incapable d'une pensée égoïste, et la situation de *walking miss* qu'on lui offrait était fort différente de celle de nièce d'une pauvre demoiselle italienne. Les *baronessine* de Rivarolo l'accueillirent aimablement, l'invitèrent quelquefois à prendre le thé en dehors des leçons, et celles-ci furent pour Clara le seul rayon de lumière dans sa vie grise de cette année.

*
* *

Au bout de l'année scolaire, Clara n'avait que deux partis à prendre : ou retourner à Rivara, ou rester dans cet horrible couvent. Elle se mettait l'esprit à la torture pour trouver la solution qui lui déplairait le moins, quand il vint aux *baronessine* la merveilleuse idée de l'inviter avec elles à la mer. Elles étaient en deuil cette année-là ; elles vivaient très retirées La baronne désirait leur donner une institutrice sérieuse, mais qui pût cependant être pour elles une compagne de jeux. Clara voudrait-elle accepter d'être leur compagne ?

Clara accueillit l'invitation avec joie. La tante fut, comme à l'ordinaire, enthousiaste et exubérante.

« Mais tu ne sais pas, Clara, comme il est rare que deux jeunes filles qui ne sont pas jolies osent emmener une jeune fille jolie comme toi et d'un rang inférieur. Tu es vraiment née sous une bonne étoile et tu ne t'en doutes pas. »

Petite tante avait raison. Clara n'avait aucune idée de la chance qui s'offrait, elle qui était désormais persuadée que le destin lui était contraire.

A la mer, la *walking miss* se trouva dans son élément et elle redevint la splendide Clara de Londres. Elle nageait admirablement, menait une barque comme un pêcheur, jouait au tennis comme un champion. Bientôt les *baronessine* devinrent folles d'elle, car elle avait, en plus du reste, une imagination ardente pour inventer des jeux, des courses, des amusements. Vers la fin de septembre, Clara organisa avec les *baronessine* une fête de bienfaisance. Il y eut un concours et une foire qui rapportèrent beaucoup d'argent. Les journaux en parlèrent, et cela augmenta encore l'estime des *baronessine* pour leur nouvelle compagne.

Dans le comité pour la fête de bienfaisance siégeait naturellement l'aubergiste du pays, le *cavaliere* Polpetta. C'était un jeune Génois, très attaché à ses intérêts, mais qui n'était pas insensible à la beauté. Il fut ébloui par Clara, admira le sens pratique dont elle avait fait preuve dans la circonstance, et il se mit à caresser un projet qui conciliait son désir de gain avec la passion qu'il éprouvait.

Quelques mois auparavant un de ses parents l'avait invité à venir le rejoindre à New-York, où il avait ouvert un petit hôtel. L'occasion était excellente, mais il n'avait pas pu en profiter, parce qu'il ne savait pas l'anglais. En épousant Clara, il aurait la satisfaction de prendre une femme qui lui plaisait, beaucoup plus belle que les femmes de ses frères, et de faire une excellente affaire. Cette idée d'épouser une femme sans dot, qui lui rapportât autant qu'une dot, s'empara si bien de lui qu'avant que la famille Rivarolo ne repartît pour Turin, il se présenta à la villa. Il demanda à voir la jeune fille, et brusquement il lui fit sa demande, sans manquer de lui indiquer l'avantage que pouvait lui offrir sa connaissance de l'anglais. Ce n'était pas simplement par intérêt qu'il désirait épouser Clara dont il était tombé vraiment amoureux ; mais il voulait se persuader lui-même qu'il faisait simplement une affaire, et donner cette impression aussi à Clara, pour que dans la suite elle n'eût pas de trop grandes prétentions.

Clara n'était pas sentimentale, et cette année de couvent lui avait fortement rogné les ailes, mais le *cavaliere* Polpetta ne lui plaisait pas. Ses propos d'homme cupide et arrogant faisaient présager un mari tyran et profiteur. L'idée d'être reléguée au comptoir d'un hôtel à New-York ne lui souriait pas non plus. Si elle s'était trouvée dans d'autres conditions, elle aurait tout simplement refusé, mais elle se contenta de demander du temps pour réfléchir. Elle répondrait de Turin.

De Turin, cependant, la réponse ne pouvait être douteuse. Après trois mois de vie princière, le dortoir glacial du couvent paraissait insupportable. Après trois mois de vie mondaine sur le même pied que les *baronessine,* l'humiliation continue de l'escalier de service des *contessine* Montebello devenait insupportable. La tante fit quelques observations. « Pourquoi s'engager si jeune? Elle avait toute la vie devant elle. Elle pourrait finir ses études, remettre sa décision jusqu'au moment où elle aurait obtenu ses diplômes. »

« Remettre? » Etait-elle sûre de trouver plus tard un autre parti, enfermée comme elle l'était entre Rivara et le couvent? Et puis, quand elle aurait son diplôme, quelle autre solution lui resterait-il sinon de se placer comme institutrice ou de finir dans un petit village comme celui de Rivara? Non, tout compte fait, la proposition du *cavaliere* Polpetta était ce qui pouvait lui arriver de mieux. Elle répondit qu'elle acceptait. A lui de fixer la date du mariage et d'adresser une demande régulière à son père.

Le *cavaliere* Polpetta ne se le fit pas répéter deux fois. Il se précipita à Turin, il se précipita à Rivara, où il arriva à l'improviste. M. Piccozza accueillit bien le *cavaliere* Polpetta. Les fiançailles de Clara avec un hôtelier entraient parfaitement dans ses vues. Ce qu'il sut lire d'astuce dans les yeux de son futur gendre ne lui déplut pas non plus. Il vit là un présage de réussite.

— Oui, il était tout disposé à lui donner sa fille, mais sa fille et pas autre chose. Pas un sou de dot, il devait bien se mettre cela dans la tête, pas un sou! La fille, oui, mais pas autre chose.

Le *cavaliere* Polpetta ne fit pas d'objections, mais il observa autour de lui et il se dit que, malgré tout, Clara aurait un jour un assez bel héritage.

Le mariage fut fixé à trois mois de date. La mère écrivit à ses beaux-fils en Australie. La tante retira à la caisse d'épargne mille lires, qui étaient presque toutes ses économies, pour que Clara pût se faire un petit trousseau.

Ces trois mois passèrent comme un éclair. Clara, qui avait bon goût et qui était très habile, vint à bout, avec les mille lires de sa tante, de se faire un trousseau assez élégant et qui lui permettrait de ne pas faire mauvaise figure auprès de ses futures belles-sœurs. Ses frères envoyèrent d'Australie un gros chèque que Clara mit sagement en réserve, le consacrant, dans sa prévoyance, à ses dépenses personnelles. Puis, tous préparatifs faits, Clara repartit pour Rivara.

III

> Et, jour et nuit, Petite tante songeait aux transformations qu'elle aurait à faire subir à Vic.

La tante, elle aussi, vint au mariage de Clara, et ce fut ainsi que Vic fit sa connaissance. Dès qu'elles se virent, ce fut comme si elles s'étaient toujours vues, et elles s'aimèrent comme si elles s'étaient toujours aimées. Si deux êtres étaient faits pour s'entendre, c'étaient vraiment Vic et Petite tante.

Petite tante avait aimé Clara; elle l'avait aimée parce qu'elle était la fille de Rosa, parce qu'elle était venue à elle, parce qu'elle avait pu lui venir en aide, mais il n'y avait rien là d'une de ces affections qui remplissent l'âme. Clara continuait à la troubler comme à l'heure de la première rencontre à la gare de Turin. Il en allait tout autrement avec Vic. Dès le premier jour, dès la première minute où elle avait jeté ses bras autour de son cou, ç'avait été comme si Vic avait toujours été sa fille. Ses frères et ses sœurs, à qui elle avait sacrifié sa première jeunesse, étaient loin d'elle depuis longtemps. Il ne lui était resté à aimer que les petites comtesses de Montebello. Elle leur avait consacré sa vie, parce qu'elle avait besoin de la consacrer à quelqu'un, mais sans être vraiment aimée en retour.

Son cœur ne s'était pas desséché, parce que l'arbre des illusions éclatantes avait en elle des racines très profondes, mais elle avait encore une telle soif d'amour! Et voici que Vic se trouvait sur sa route, Vic avec son cœur pur, débordant!

Vic ne ressemblait pas à Clara. Elle n'était pas aussi belle que sa sœur; elle ne savait ni s'arranger, ni se faire valoir autant qu'elle. Moins grande, plus maigre, un peu dégingandée, les joues trop rouges et trop brunes, les cheveux noirs, raides, lisses, réunis dans un chignon mal planté sur la nuque, les dents irrégulières, la mise négligée, rien ne laissait pressentir en elle une nature plus intéressante que celle de Clara. Qu'elle méritait plus d'attention, telle était pourtant la vérité.

Amante de la solitude, mais point misanthrope; hésitante, mais point timide; se défiant d'elle-même, prête à admirer les autres, mais pas facile à se laisser duper ou déconcerter par les autres; indolente, mais agile et coordonnée dans ses mouvements et dans ses actions, Vic présentait un ensemble de qualités contradictoires, positives et contemplatives, qu'on trouve assez rarement chez les habitants des grandes villes, et auxquelles ne devait pas être étranger le vieux sang campagnard de ses parents.

Positive comme les paysans, elle avait une intuition très fine, un profond pouvoir d'observation, mais une imagination limitée et aucun besoin de critique. Elle parlait peu, en hésitant, en interrogeant plus qu'en affirmant, mais, tout en hésitant, elle dépeignait les gens d'une façon merveilleuse; elle n'ajoutait pourtant à cela aucun jugement personnel; elle décrivait avec puissance ce qu'elle avait vu, mais elle ne voyait que ce qui était. Elle aimait les personnes et les choses telles qu'elles étaient, sans jamais penser à ce qu'elles auraient pu ou dû être. A Londres, elle avait aimé les Londoniens, à Rivara les Rivarais; si elle avait été au Groenland, elle aurait aimé de même les Groenlandais, sans regrets et sans faire de comparaisons.

Peu portée à se faire des illusions, formant peu de projets, elle aimait à donner libre cours à son imagination devant les réalités présentes, mais elle pouvait passer de l'imagination à l'action, même à l'action la plus prosaïque, sans qu'il lui en coûtât trop. Nullement nerveuse, elle passait des heures sans bouger, à méditer, à regarder un oiseau, une fleur, un bœuf. Elle semblait mettre sur le même pied les objets animés et inanimés qui l'entouraient. Il n'y avait en elle aucun orgueil, aucune vanité, aucun amour-propre, aucune ambition, aucune volonté personnelle. Sa vie tout intérieure la rendait indifférente à ce qui se passait autour d'elle. Elle avait tourné dans l'orbite de Clara, quand Clara était à la maison; elle tournait dans l'orbite de sa mère, depuis que Clara était partie, docile comme un satellite qui n'a pas de trajectoire à lui.

Sa religion, qui était à l'image de sa nature méditative, différait fort de celle du curé de Rivara ou de celle de son père. Chez elle, aucune crainte de châtiments, aucune aspiration à des plaisirs divins, aucune préoccupation personnelle; seulement une foi sincère, absolue, en Dieu, en un Dieu infiniment plus sage, meilleur, plus intelligent que les hommes, en un Dieu qui connaissait le présent, le passé et l'avenir, qui veillait sur les mortels avec une science de l'univers bien supérieure à celle que les mortels pouvaient avoir eux-mêmes. Elle s'adressait toujours à Dieu pour des actes d'admiration, pour des actions de grâce. Prier Dieu pour lui demander quelque chose lui paraissait un sacrilège. Comment était-il possible qu'elle, qui ignorait l'avenir, qui avait oublié le passé, sût mieux que Dieu ce qui était bon ou mauvais, même pour elle? Puisque Dieu, qui était infiniment puissant et bienveillant, s'occupait avec tant d'amour des hommes, pourquoi se tourmenter et souhaiter autre chose que ce qui serait? Cette acceptation pleine de confiance, dont personne autour d'elle ne comprenait les raisons, l'avait fait prendre pour stupide, mais cela ne l'humiliait en aucune façon.

Ce qui l'étonnait plutôt, maintenant, c'était l'enthousiasme de Petite tante, qui avait aussitôt entrevu en elle une quantité de « dons cachés » auxquels ni Vic ni ses parents n'avaient jamais pensé.

Petite tante était vraiment indignée. « Mais personne dans cette maison ne de laisser s'étioler dans les bois de Rivara un chef-d'œuvre de la nature tel que Vic ! Quant à elle, elle ne le permettrait pas. C'était vraiment la Providence qui l'avait envoyée à Rivara ! » Et jour et nuit Petite tante songeait aux transformations qu'elle aurait à faire subir à Vic. Il fallait que Vic fît ses études, qu'elle obtînt un diplôme, se procurât une situation. Personne ne s'était aperçu à la maison que Vic était intelligente, mais elle l'était bien plus que Clara... Et penser que si la Providence ne l'avait pas fait venir à Rivara...

Ces jours-là, cependant, il y avait tant à faire que c'est à peine si Rosa et Joséphine pouvaient trouver cinq minutes pour causer ensemble. Les parents du fiancé étaient venus de San Luca. Il avait fallu penser à les loger, à les promener, à les amuser, à les nourrir. Et, naturellement, tout retombait sur les épaules de Vic et de Rosa.

Enfin le mariage se fit. Tous les Polpetta s'en allèrent et Petite tante put exposer ses projets.

« Vic était devenue une jeune fille, on ne pouvait pas la laisser végéter plus longtemps dans les bois. Il fallait qu'elle allât à Turin, d'abord pour faire soigner ses dents, qui en avaient besoin, puis pour ses études comme avait fait Clara... Si Vic ne désirait pas aller à l'Ecole normale, elle irait dans une autre école; elle apprendrait autre chose. » Ainsi parla solennellement Petite tante, dès que les jeunes mariés furent partis. « Qu'avait appris Vic? Que préférait-elle? Quelles étaient ses inclinations? » Petite tante chercherait à l'aider.

Ce que Vic préférait?... Vic aimait Rivara; elle aimait la campagne! Ce qu'elle savait? Elle savait les soins à donner aux vaches quand elles font leur veau, et depuis son arrivée au château, on n'avait plus fait venir le vétérinaire. Elle savait retrouver son chemin dans les bois, suivre la trace des brebis égarées. Elle savait empêcher les poules de vouloir couver, les amener à pondre, même en hiver. Elle savait donner la becquée aux oisons si délicats dans leurs premières semaines. Elle savait imiter les chants des oiseaux, conduire les génisses, faire des conserves de fruits.

« Mais pour ce qui était de l'école, des études, à quel point en était-elle? »

A Londres, elle avait suivi les mêmes cours que Clara, mais il n'y avait pas de livres à Rivara, et, s'il y en avait eu, Vic, certainement, ne les aurait pas ouverts. Il n'était pas sûr qu'elle sût encore lire l'anglais. Elle savait le français, parce que les habitants de Rivara le parlaient.

La tante était scandalisée.

« Vic n'avait pas la passion des études? Mais il fallait l'avoir! Il n'était pas question pour elle de passer toute sa vie à Rivara ; elle se lasserait à la fin d'empêcher les poules de couver et de chercher les fraises dans les bois. »

Vic n'imaginait guère qu'un jour vînt jamais où elle pourrait se lasser de ce qui lui plaisait tant, mais si Petite tante le disait, et maman aussi, ce devait être vrai.

« Et alors, si elle s'en lassait trop tard pour pouvoir se mettre à étudier, que ferait-elle ? C'était maintenant qu'il fallait y penser. Chacun naît avec des trésors cachés — c'était la théorie favorite de la tante — et les mères ont le devoir d'amener ces trésors à la lumière, et, pour les amener à la lumière, il faut les chercher à tâtons, quand les trésors ne se révèlent pas d'eux-mêmes. »

A force d'en parler, Rosa et Joséphine finirent par décider que Vic irait au mois d'août à Châtillon, auprès de sa tante, au château des comtes de Montebello. Là, à son aise, Petite tante s'efforcerait de démêler quels étaient les trésors cachés de Vic, et préparerait son entrée possible dans une école.

Vic n'avait aucun désir de quitter Rivara; mais elle n'avait pas l'imagination très vive; les choses lointaines lui semblaient irréelles. Aussi approuva-t-elle, bien que sans enthousiasme, des projets auxquels il lui semblait être étrangère.

*
* *

Le mois d'août approchait. On était au fort de l'été, la saison lumineuse de la campagne, la saison de la moisson et de la fenaison, la saison où le verger est plein de fruits et le jardin plein de légumes, où les poules caquettent, où les bois sont rouges de fraises et de myrtilles, le mois des pèlerinages religieux.

Rivara était le centre d'une quantité de pèlerinages. De dimanche en dimanche, on y fêtait la Madonna del Monte, la Madonna del Rosario, la Madonna del Forno... Chaque pèlerinage était l'occasion d'une promenade à laquelle Vic ne manquait jamais de prendre part avec les paysannes de Rivara.

Elles partaient à l'aube toutes ensemble, quelquefois la nuit, et elles arrivaient à la fête avant que le soleil ne fût trop ardent. Elles entendaient la messe, puis s'éparpillaient dans les bois pour y goûter sur l'herbe. A quatre heures commençaient les danses anciennes, lentes et rythmées. On dansait dans les prés au son de quelque harmonica. Puis, au coucher du soleil, on reprenait le chemin de Rivara, et le retour était joyeux et pur comme l'aller, et l'on pensait à la prochaine fête, qui serait plus belle encore.

Quelle que fût la saison, Vic se plaisait à Rivara, mais c'était en été qu'elle s'y plaisait surtout. Quitter justement Rivara en été lui parut un sacrifice tel qu'elle n'en avait encore jamais fait d'aussi grand. Petite tante n'aurait-elle pas pu venir vivre avec eux, au lieu que ce fût elle qui allât à Châtillon et, ce qui serait pire, ensuite à Turin! Quel besoin a-t-on de tant de perfections? Quel besoin d'étudier dans les livres, quand il y a tant de choses que l'on peut apprendre directement par la vie?

Mais sa tante insistait, sa mère trouvait qu'elle avait raison. Vic se laissa donc persuader. Elle devait partir le lundi à huit heures pour arriver à dix heures à Châtillon. Sa tante irait au-devant d'elle et elles atteindraient le château avant l'heure du déjeuner. Le voyage, ainsi, ne dérangerait personne, ni le père, ni les *contessine* de Montebello, car ni lui ni elles n'admettaient que l'on changeât les heures des repas. Vic alla à l'église avant de partir et elle se jeta aux pieds du Seigneur : « Mon Dieu, vous qui m'avez protégée jusqu'à ce jour, protégez-moi encore. J'ai au cœur une telle angoisse; faites au moins que je n'aie pas à les voir, ces *contessine!* » Mais ensuite elle se repentit. Etait-ce à elle de donner des conseils à Dieu? Savait-elle ce qui était le meilleur ou le pire? Connaissait-elle l'avenir? Elle se jeta de nouveau aux pieds du Seigneur : « Mon Dieu, vous qui m'avez protégée jusqu'à aujourd'hui, faites ce qui vaut le mieux pour moi, car vous le savez, vous, tandis que moi, je ne le sais pas. » Et elle partit, un peu consolée.

Sa tristesse ne devait pas durer longtemps. A Châtillon, sa tante était à la gare, non pas dans la solennelle calèche des *contessine* qu'elle avait redoutée, mais dans une modeste charrette traînée par un âne qui faisait sonner ses grelots.

— Vois-tu, les *contessine* avaient décidé de faire une promenade aujourd'hui, observa la tante pour justifier la simplicité du véhicule.

— Mais, ma tante, tu sais que j'adore les charrettes et les ânes.

Et Vic s'assit tout heureuse sur la planche que le fermier avait ajustée avec soin.

Elles traversèrent le village et entrèrent dans le parc du château. Comme autrefois pour Clara, pour Vic aussi, la charrette s'arrêta à la porte de service. Comme pour Clara, aucun serviteur n'apparut sur la porte à leur arrivée. Comme pour Clara, la tante et la nièce montèrent ensemble la valise par un étroit escalier de service qui conduisait à la chambre de Petite tante. Mais quel soulagement furent pour Vic ces détails qui autrefois avaient été si pénibles pour Clara !

La chambre de Petite tante était une pièce immense, très haut dans la tour. Quatre fenêtres s'ouvraient sur l'horizon. Elle était blanchie à la chaux. Il y avait un vaste lit, vieux et massif, une grande armoire, une grande table, une grande corbeille à ouvrage et, dans un angle, presque perdu, un lit pour Vic que Petite tante avait dressé de son mieux sur des chevalets.

La tante et la nièce étaient à peine installées, quand sonna l'heure du déjeuner. Il fallait que Petite tante descendît.

— Tu sais, elles sont si bonnes, si aimables, tu verras ; mais elles ne veulent pas voir de visages nouveaux.

— Mais va donc ! Elles ont raison, dit Vic en embrassant la tante, heureuse et émue à la fois.

Restée seule, elle grimpa sur le rebord d'une des fenêtres et regarda en bas ; la fenêtre donnait sur la maison du fermier et Vic eut un plaisir infini à scruter de ses yeux perçants de campagnarde les animaux répandus dans la cour. Quand un domestique entra avec son déjeuner, Vic descendit de son observatoire et se mit à l'interroger : « Avait-il des enfants ? Habitaient-ils la campagne ? Avait-on déjà fait la moisson ? Moissonnait-on à la main ou à la machine ? Quel rendement ? Y avait-il des fêtes religieuses dans le voisinage ? Celle de Châtillon était-elle déjà passée ? »

Les questions de Vic amusaient le domestique, et il était content de causer avec elle. Quand Petite tante revint, elle les trouva devenus de grands amis, comme s'ils se connaissaient depuis vingt ans ; et quand elle dut descendre pour le thé, Vic lui demanda de la confier au domestique pour qu'il lui fît faire un tour dans la propriété. L'homme, très flatté, la conduisit de son mieux, lui fit visiter écuries, étables, jardin, verger, planches d'asperges, tout enfin. Il la conduisit aussi dans la chapelle, et là se trouvait un harmonium.

Vic aimait passionnément la musique. A Londres, elle avait composé des chansons et des complaintes sur lesquelles s'était extasié son professeur de musique ; mais, à Rivara, il n'y avait pas de piano, il n'y avait pas même d'orgue à l'église ; seules les cloches de l'église et les clochettes des vaches rompaient le silence ; et Vic n'avait pu continuer ni à composer, ni à entendre de la musique.

Elle se mit à l'harmonium et, avec des notes lentes, elle joua un hosanna pour remercier Dieu qui l'avait protégée si merveilleusement jusqu'à ce jour, un hosanna qui venait du fond de son cœur, et dans le ravissement des sons, elle oublia Petite tante, Rivara, sa maman, les moissons dorées, les belles fêtes religieuses.

Les journées passaient et Vic se trouvait heureuse à Châtillon, comme elle s'était trouvée heureuse à Rivara. Elle se levait de bonne heure le matin, et, avant que ne sonnât la cloche du déjeuner, Petite tante lui avait déjà donné sa leçon. Puis, tandis que Petite tante assistait au massage des comtesses, Vic courait à travers champs et bois, ou allait à la chapelle. Un prêtre des environs, qui venait aux grandes fêtes jouer de l'harmonium, l'initia aux secrets de la technique. Vic faisait en musique des progrès très rapides, comme elle en faisait aussi dans ses études, et un jour que l'organiste n'avait pu venir, elle le remplaça. Les *contessine* ne s'en aperçurent pas. Comme Petite tante était heureuse ce jour-là ! Si heureuse et si fière que sa taille en paraissait plus haute.

L'été passa très vite, très vite aussi l'automne. L'époque des examens arriva, et Petite tante conduisit Vic à Turin où celle-ci se présenterait aux épreuves d'admission à l'Ecole normale.

Qu'elle était tourmentée au sujet de ces examens ! Vic au contraire ne l'était nullement. Elle savait ou elle ne savait pas, se disait-elle. Si elle ne savait pas, il était inutile d'entrer à l'Ecole normale. Si elle savait, elle y entrerait. Mais Vic savait; elle fut reçue à l'unanimité par le jury. Et Petite tante, quand elle en eut la certitude, fut encore plus heureuse que quand Vic avait joué de l'orgue dans la chapelle.

Elle avait peut-être donné à Vic une quarantaine de leçons et cela avait suffi. Quelle belle intelligence ! Et dire que personne chez elle ne s'en était jamais aperçu! Et dire que si Clara ne s'était pas mariée, si Petite tante n'était pas allée à Rivara, Vic y serait restée et n'aurait été qu'une paysanne !...

Les *contessine* de Montebello avaient consenti volontiers à ce que Vic passât l'été à Châtillon. Le château était immense. On pouvait très bien ignorer l'existence d'une nièce de « Mademoiselle » sans offenser personne. Mais en ville c'était autre chose; « Mademoiselle » devait le comprendre. En fait, « Mademoiselle » le comprenait. Elles avaient raison, les *contessine*. Elle avait eu Vic dans sa chambre pendant les examens, mais seulement pendant les examens, parce qu'on ne savait pas comment Vic réussirait, ni la décision qu'il faudrait prendre ensuite. Vic avait réussi ; « Mademoiselle » allait donc la mettre en pension comme Clara.

Dès qu'elles eurent reçu le bulletin d'admission à l'Ecole normale, Vic et Petite tante se rendirent au couvent où avait été Clara. Mais le dortoir pour les normaliennes était au complet ; il n'y avait plus la moindre place. Les pensions à soixante lires par mois n'étaient pas nombreuses, même alors, et il fallait y retenir ses places à l'avance. Les sœurs cependant avaient plusieurs adresses de familles qui désiraient prendre en pension des normaliennes de bonne éducation. Vic et Petite tante choisirent sur la liste la famille du colonel Pastelli dont la maison était la plus voisine du palais Montebello et elles s'y rendirent aussitôt.

Ce colonel était un *colonello della leggera*, comme on appelait alors dans le peuple les militaires qui, ayant épousé une femme avec une dot fictive, devaient vivre exclusivement sur leur solde. La *signora*

Pastelli était une femme grande et maigre dont le regard disait les sacrifices qu'il avait fallu faire pour élever sans fortune des enfants, en conservant le décorum d'une famille militaire. Sa fille Giovanna lui ressemblait d'une façon surprenante. La pauvreté de l'intérieur trahissait les difficultés dans lesquelles il avait fallu vivre.

Les meubles étaient rares. On cherchait cependant à sauver les apparences au moyen d'un grand nombre de caisses recouvertes de soie ou de velours et qui servaient de divans, de tables, de chaises, d'armoires. Aux murs étaient des écussons et des cœurs entourés d'innombrables photographies. Sur les caisses, il y avait des imitations de vases en carton avec des fleurs artificielles. La chambre destinée à la pensionnaire était la plus belle. C'était celle de leur fils Pippo, qui était élève au collège militaire de Milan. La mère désirait une élève qui suivît les cours des écoles et qui pût laisser la chambre libre à Noël, à Pâques et en été, quand son fils revenait. Le colonel, sa fille, la maison produisirent une bonne impression à Vic et à Petite tante. Elles s'arrangèrent aussitôt pour la pension qui n'était d'ailleurs guère plus chère que celle des sœurs, et le jour suivant Vic s'installait auprès de la famille Pastelli.

Elevée sous la loi rigide de l'avarice paternelle, Vic croyait connaître tous les secrets de l'économie. Elle s'aperçut bientôt qu'elle n'en était qu'à l'alphabet. Quels tours de force accomplissaient Giovanna et sa mère ! Non seulement elles faisaient elles-mêmes leurs robes et leurs chaussures, mais elles s'occupaient à relier des livres, à encadrer des photographies, à fabriquer une quantité de petits riens d'un goût douteux qu'elles vendaient à un mercier du voisinage. Elles ne s'accordaient jamais une distraction. Le temps était de l'argent et il fallait en outre épargner ses souliers.

La vie des Pastelli se transforma comme par enchantement lorsque la nouvelle *guesting host* s'installa chez eux. C'est que Vic avait sa façon à elle d'aider en demandant à être aidée, de conseiller en demandant conseil, qui rendait sa compagnie agréable et reposante. Son intelligence intuitive était en même temps sûre, originale et fine. Elle donnait ainsi à ceux qui l'entouraient le plaisir de la découverte, le désir de prendre part à cette découverte et la satisfaction d'en profiter.

Elle adorait la campagne, elle la connaissait à fond. Se promener avec elle dans les environs de Turin, c'était pour les Pastelli s'aventurer dans un monde nouveau. Elle savait voir et faire voir une quantité de choses que l'on n'aurait jamais remarquées. Elle avait beaucoup de goût pour la peinture. Visiter un musée avec elle était un véritable plaisir, car elle s'arrêtait juste devant les tableaux les plus beaux et seulement devant ceux-là parce qu'elle savait dire aussi pourquoi ils étaient beaux. Mais elle ne se serait pas décidée à aller seule faire une promenade, à entrer seule dans un musée, à accepter seule une invitation pour un concert.

En la conduisant dans les musées et au concert, les Pastelli se disaient qu'ils faisaient leur devoir, mais ce devoir leur était si agréable que bientôt il devint leur plus grande distraction.

Il en était de même pour le monde. Vic ne se sentait aucun besoin de voir du monde. Mais quand les Pastelli allaient à une réception officielle ou en donnaient une eux-mêmes, comme les colonels, si pauvres qu'ils soient, sont obligés de le faire, Vic était infiniment précieuse.

Comme tous les gens sans fortune qui ont à vivre avec des pareils plus riches qu'eux, les Pastelli étaient timides, avaient presque honte d'eux-mêmes, cherchaient à se cacher, à disparaître devant le regard d'autrui. Vic, au contraire, bien qu'elle eût toujours vécu à la campagne, avait une assurance magnifique de grande dame ; elle savait faire profiter ses amis de son jugement sûr, les mettre sous un jour favorable, les relever devant leurs pareils, leur donner une liberté d'allures qu'ils n'avaient jamais eue, et tout cela avec la seule autorité qui lui venait de son intelligence. Depuis son arrivée, les Pastelli se sentaient comme grandis. Leur appartement lui-même semblait transformé. La tante avait envoyé un modeste piano, qui, dans la salle à manger, avait remplacée une des innombrables caisses recouvertes de velours et surmontées de vases de fleurs artificielles. Discrètement, Vic avait amené le colonel à remplacer les affreux cœurs en velours entourés de photographies par une série de modestes petites gravures anciennes auxquelles il avait mis lui-même des cadres simples et uniformes ; et Vic avait su faire ainsi beaucoup de petits changements grâce auxquels, sans que personne s'en fût aperçu, la maison avait changé d'aspect.

Les Pastelli, qui étaient des gens distingués, cultivés, pleins de beaux sentiments, laissaient faire Vic, goûtaient toutes ses finesses, ravis par-dessus tout de son talent musical.

Les *contessine* de Montebello, par l'entremise de Petite tante, lui avaient prêté beaucoup de musique, des sonates entières de Beethoven et de Brahms, des partitions de Mozart, de Verdi, de Rossini, et Vic les jouait d'un bout à l'autre, se tirant d'affaire comme elle pouvait dans les endroits les plus difficiles. Elle aurait passé toute sa vie à jouer du piano, et le professeur que Petite tante avait choisi parmi les meilleurs de la ville, était si enchanté d'elle qu'il doubla le nombre de ses leçons sans augmenter ses prix.

Les *contessine* avaient aussi des recueils de vieilles chansons. Vic essaya de les chanter. Elle avait une magnifique voix de contralto. Elle chantait avec tant d'âme que dans tout le voisinage on ouvrait les fenêtres pour l'écouter. Et il arriva qu'un jour son professeur l'entendit, et il voulut lui donner aussi des leçons de chant. Entre le chant, la musique et l'amitié des Pastelli, la première année de séjour de Vic à Turin passa si vite que c'est à peine si Vic s'en aperçut.

IV

Pippo, qui, une semaine auparavant, était pour Vic un inconnu, tenait maintenant plus de place que sa mère et sa tante...

Il avait été convenu avec les Pastelli que Vic serait en pension chez eux pendant le temps où les écoles sont ouvertes. Elle devait, pendant les vacances de Noël et de Pâques et pendant les grandes vacances, retourner à Rivara, de façon que Pippo, le fils du colonel, pût reprendre sa chambre.

Il en fut ainsi la première année, et aussi pour les fêtes de Pâques et de Noël de la seconde année. Mais les examens de la seconde année se prolongèrent, et quand Pippo arriva, Vic était encore à la maison.

Pippo avait dix-huit ans, et il faisait sa dernière année au collège militaire d'où il sortirait officier. Vic avait dix-sept ans et elle avait beaucoup embelli, grâce aux soins intelligents de sa tante. Sa dentition était devenue régulière, ses cheveux, tout en restant trop lisses, encadraient le visage d'une façon plus douce, sa mise était mieux adaptée à sa personne, et cachait ce qu'elle avait d'un peu dégingandé dans les mouvements. La pauvreté de la maison et des meubles, la pâleur de Giovanna et de sa mère qui semblaient porter écrits sur le front les tourments infinis d'une vie de privations, faisaient ressortir les joues roses de Vic, son rire frais, ses façons sûres et tranquilles.

Pendant deux ans Pippo avait entendu parler avec enthousiasme de Vic, et Vic avait entendu parler avec enthousiasme de Pippo. Elle trouva qu'il répondait à l'idée qu'elle s'était faite de lui, et réciproquement. Pippo aimait passionnément la musique, et Vic lui joua et lui chanta tout ce qu'elle savait.

Il demeurait la bouche ouverte à écouter, et les quatre jours que Vic passa encore à Turin pour ses derniers examens, suffirent à Pippo pour s'éprendre follement de Vic. Avant son départ il lui parla.

Devant cette déclaration faite d'une voix tremblante, Vic demeura d'abord surprise et perplexe, puis étourdie comme si elle avait reçu un coup violent sur la tête.

« Que lui avait dit Pippo ? Qu'il l'aimait. Et pourquoi lui avait-il dit qu'il l'aimait ? Que voulait-il d'elle ? Etre aimé d'elle, mais pour combien de temps ? Et après ? Et après ? »

Vic n'avait jamais pensé à l'amour ; elle ne s'était jamais attendue à une affection nouvelle, différente de celles qui lui avaient souri jusque-là. A la campagne les paysannes avaient leurs amours ; elles se mariaient, mais pour des raisons solides d'ordre social. Elles se mariaient, comme s'était mariée sa mère, pour qu'il y eût dans la famille une bouche de moins à nourrir, pour venir en aide soit à leur ancienne, soit à leur nouvelle famille. C'était aussi à peu près pour les mêmes raisons que Clara s'était mariée pour quitter Rivara, pour fuir le dédain des *contessine*. Mais aujourd'hui ce n'était pas la même chose. Pippo ne lui avait pas dit : « Veux-tu m'épouser ? Veux-tu que nous nous unissions pour telle ou telle raison ? » Il lui avait dit qu'il l'aimait. Pourquoi l'aimait-il ? Vic ne le comprenait pas. Elle était troublée, et son trouble grandissait, au point que bientôt les larmes lui coulèrent des yeux ; elle se sentit comme étouffée par la violence et le désordre de ses émotions. Et elle sortit de la pièce en tremblant et en pleurant.

Vic et Pippo se quittèrent sans avoir échangé d'autres paroles, sans que Pippo sût si son amour était accepté ou non, sans que Vic sût si elle aimait ou non Pippo. Mais elle l'aimait. Pippo, qui lui avait été indifférent jusqu'à ce jour, s'était soudain par ce seul mot rapproché d'elle plus près qu'aucun autre être au monde.

Le jour suivant Vic partit pour Rivara. Quels changements désormais dans son existence de Rivara ! Les pèlerinages? Non, elle était lasse ; elle n'avait plus envie d'aller aux pèlerinages. La moisson ? Le soleil était trop chaud. Les poules couvaient au lieu de pondre ; les petits oisons mouraient faute de soins ; les fruits dans le verger tombaient et se gâtaient sans que personne les ramassât.

— Qu'as-tu, Vic ?

Vic faisait semblant de rire pour rassurer sa mère, puis elle retournait à ses pensées, et retombait dans sa mélancolie.

Qu'avait-elle ? Elle n'en savait rien elle-même. Elle savait seulement que Pippo, qui, deux mois auparavant, était pour elle un nom vague, occupait maintenant tout son cœur, y tenait plus de place que sa mère, sa tante, Clara et tout Rivara. Mais Pippo ne l'avait-il pas entraînée dans le péché en prononçant ces paroles ? Elle n'osait parler à personne de ce péché qui n'était pas un péché. Toute une révolution s'était faite dans son âme, une révolution qui la bouleversait. Elle comprenait maintenant l'air résigné de sa mère, victime volontaire d'une vie sans amour ; elle comprenait le murmure avec lequel on avait accueilli dans le pays les fiançailles sans amour de Clara ; elle comprenait certains drames anciens qu'elle avait pris pour des contes de fées, quand on les lui avait racontés. Mais elle ne comprenait plus au contraire quel plaisir on pouvait éprouver à se rendre aux pèlerinages ou à cheminer sous le soleil, à élever des oisons, à faire la cueillette des fruits. Tous les soins de la campagne qu'elle aimait tant quelques jours auparavant, lui paraissaient maintenant un enfantillage sans raison d'être. Tout, excepté Pippo, lui paraissait sans raison d'être. Les paroles, les sons, les visions de ces quatre jours passés avec lui revenaient continuellement à ses oreilles et à ses yeux ; elle ne pouvait s'en débarrasser. Que se passait-il en elle ? N'était-ce pas un péché que de penser ainsi à Pippo ? Dans quel cas était-il permis d'aimer ainsi ? Quand on est fiancé. Mais était-elle la fiancée de Pippo ? Le serait-elle jamais?

A la fin de septembre, avant la rentrée des écoles, Vic alla trouver Petite tante et lui dit tout. Petite tante s'alarma. Ce qui s'était passé était très mal ; Pippo n'avait pas bien agi. Vic n'avait pas de dot. Son père ne voulait pas lui en donner, et Petite tante n'était pas assez riche pour le faire à sa place. Les officiers ne peuvent pas se marier sans dot, et même quand ils le peuvent, Vic voyait bien quelle vie misérable ils sont obligés de mener. Cet amour, Vic devait se l'arracher du cœur. Eclos en quelques heures, il ne devait pas être bien difficile à chasser. Vic devait dire à Pippo qu'elle ne pouvait pas l'aimer, qu'elle ne l'aimait pas ; elle ne devait plus le voir, plus lui parler ; elle devait l'oublier.

Vic ne pouvait pas s'arracher Pippo du cœur ; elle ne pouvait pas l'oublier ; elle ne pouvait pas lui dire qu'elle ne l'aimait pas. Elle pouvait lui dire qu'elle ne devait plus le voir ni lui parler, parce qu'elle n'avait pas de dot, et qu'elle ne pourrait pas l'épouser. C'est ce qu'elle fit.

Revenue à Turin, ce ne fut pas, bien entendu, chez les Pastelli qu'elle retourna prendre pension, mais au couvent où avait été Clara. Elle eut le lit de Clara dans le grand dortoir froid où était la grande cheminée « qui aurait pu être allumée mais qui ne l'était jamais ». Elle eut sa place à table dans le grand réfectoire gris aux hautes fenêtres toujours closes et où l'odeur désagréable des potages artificiels se mêlait à celle de l'acide phénique. Mais elle souffrait trop pour s'apercevoir de ces misères. Elle souffrait et il y avait en elle un calme affreux, une complète apathie ; elle souffrait et elle ne comprenait pas ce qu'était sa souffrance. Ce n'était pas le désespoir que cause la mort d'un être cher, ni l'angoisse d'une fortune perdue, ou d'une grande désillusion, mais une immense apathie qui l'empêchait de s'intéresser à quoi que ce fût. Elle n'avait plus de goût à rien ; rien ne pouvait lui donner de la joie, pas même la musique. Comment était-il possible que quelqu'un qu'elle avait vu pendant quatre jours, qu'une voix qu'elle avait entendue pendant deux minutes, eussent ainsi bouleversé son âme ? Pourquoi était-elle si bouleversée ? Elle le demandait passionnément à Dieu, prosternée au pied de son autel, mais elle n'osait pas demander à Dieu qu'il lui ôtât cette épine du cœur, car elle aimait cette épine.

*
* *

Une année passa ainsi, une année triste, longue comme une pluie sans fin, une année pendant laquelle il n'y avait pas une journée qui fût différente d'une autre, une année sans espérance. Après lui avoir déclaré qu'ils ne pouvaient pas s'aimer, Vic n'avait plus parlé à Pippo. Quand il venait en congé, Pippo allait attendre Vic auprès de l'école ; il la suivait de loin ; il lui faisait un signe de tête ; elle répondait par un signe de tête, et c'était tout. Ces jours-là, Vic était profondément troublée. La douleur devenait plus vive et le plaisir aussi.

L'année s'acheva et Vic obtint son diplôme. Comment elle avait réussi à travailler et à passer ses examens, elle n'en savait rien. Pour elle, c'était comme si elle avait une double existence. Il y avait une Vic qui continuait ses études et s'appliquait à tout ce qu'elle avait à faire, et il y avait une autre Vic qui pleurait indifférente à tout. Elle attendait impatiemment l'heure où finirait l'année scolaire, et où les deux Vic se perdraient ensemble dans les champs ensoleillés. Mais le jour même où elle espérait revenir à Rivara, sa tante lui soumit un grand projet. Le marquis de Spolète, dont la femme était l'amie des *contessine* de Montebello, devait partir dans deux mois pour l'Australie, où il était nommé consul. La marquise voulait emmener une institutrice pour ses filles. Vic voulait-elle y aller ?

C'était un crève-cœur pour Petite tante d'envoyer Vic si loin, mais d'autre part, en Australie, elle pourrait s'arracher définitivement l'épine du cœur, et au bout de deux ou trois ans, elle reviendrait heureuse et tranquille en Italie ; elle y obtiendrait un poste, où elle épouserait un homme qui lui plairait et elle vivrait heureuse le reste de sa vie. Vic y consentit.

Elle avait fait tout ce qu'elle avait pu pour ne plus aimer Pippo, mais sans y réussir. Cette proposition était peut-être une aide mystérieuse que Dieu lui envoyait. « S'il est écrit que je doive aller en Australie et oublier Pippo, ô mon Dieu, que votre volonté soit faite. »

La marquise de Spolète était jeune encore, mais elle avait été très malheureuse, et les chagrins donnent de la pénétration, quand ils ne rendent pas méchant. Elle avait appris quelque chose de l'histoire de Vic ; elle la comprenait, et bientôt elle la prit en affection. Tandis qu'elle lui montrait comment diriger ses filles, elle lui parlait de sa peine et ses paroles délicates, douces et tranquilles, lui faisaient du bien.

Une quinzaine encore devait s'écouler avant l'heure du départ quand, soudain, la marquise tomba malade. Tous les médecins de la ville furent appelés en consultation. On opéra la patiente, son état s'améliora, mais de voyager, il ne fut plus question. La pauvre femme pourrait vivre encore quelques années, mais entre son lit et son fauteuil. Le marquis partit seul et ses filles furent mises en pension. C'est ainsi que vers la fin de l'automne Vic se trouva de nouveau libre. Elle alla à Châtillon auprès de sa tante pour la consulter.

« Si Dieu n'avait pas voulu qu'elle partît pour l'Australie, n'était-ce pas un signe certain que Dieu approuvait son amour ? »

Ce raisonnement fit son effet, et Petite tante se laissa attendrir. Tous les efforts possibles pour oublier Pippo, Vic les avait faits. Si l'amour durait, c'était véritablement la volonté de Dieu.

Petite tante fit venir Pippo. Ne pouvait-il pas changer de métier, entrer dans le commerce, dans l'industrie ? Pippo examina la situation de tous les côtés. Mais qu'était-il capable de faire ? Rien. Il n'avait même pas son baccalauréat. Il avait toujours été au collège militaire ; il ne connaissait que le métier militaire ; il n'entendait rien aux affaires, rien au commerce.

— Eh bien! nous ne nous marierons pas, finit par dire Vic. J'irai à Rivara et, lui, il restera à Turin. Il nous suffit de pouvoir nous aimer, et de savoir que Dieu est content et Petite tante aussi.

— Retourner à Rivara ! non, déclara Petite tante. Si, dans un temps plus ou moins éloigné, tu dois épouser Pippo, il faut que tu sois en état de gagner quelque chose. Tu as ton diplôme : présente-toi au concours, obtiens un poste, débute dans la carrière.

Vic éprouvait un infini désir de paix, un grand besoin de remettre de l'ordre dans ses idées et dans son cœur troublé, de se perdre au milieu des bois; elle n'avait aucun désir de se remettre à étudier, ni d'entrer dans l'enseignement. D'autre part, elle n'avait aucune confiance dans ses forces, et elle n'espérait pas réussir au concours. Les candidates étaient si nombreuses. Elles lui paraissaient toutes plus intelligentes et plus cultivées qu'elle. Et puis, si elle était restée à Rivara, elle aurait pu voir Pippo quelquefois, tandis que si on l'envoyait beaucoup plus loin, les entrevues seraient plus difficiles. Mais pour satisfaire sa tante, elle se présenta au concours. Avait-elle raison, ou tort ? Elle n'en savait rien ; Dieu seul le savait. Elle alla à l'église le jour du concours et, prosternée devant Dieu, elle l'implora : « Mon Dieu, vous voyez ma situation ; faites ce que vous croyez le mieux pour moi ; moi je n'en sais rien ; vous le savez, vous qui voyez le présent et l'avenir ; quoi qu'il arrive je m'en remets à vous ».

Elle se présenta à l'examen avec le même calme qu'elle aurait eu pour se rendre chez le curé de Rivara.

Les candidates classées les premières devaient rester à Turin, les autres, dans l'ordre de leur admission, seraient envoyées dans des postes plus ou moins éloignés.

C'était, comme je dis, une des raisons qui faisaient redouter le concours à Vic. Il lui semblait que, tout allant pour le mieux, si elle était admise, ce serait parmi les dernières et qu'alors elle serait envoyée dans un petit hameau lointain. Mais à sa grande surprise, elle fut admise une des premières. Elle avait donc à choisir un des postes vacants de Turin, de Turin où se trouvait Pippo ! Quelle année heureuse ce serait pour Vic ! Et celle qui suivrait devait être plus heureuse encore.

Sur ces entrefaites, et à quelques mois d'intervalle, les *contessine* de Montebello s'étaient mariées, et leur père avait fait à Mademoiselle une pension bien supérieure à la rente qui était exigée comme dot pour un officier d'infanterie. Et Mademoiselle restait libre de s'établir et de vivre où bon lui semblait.

C'était la solution ! « Oh ! comme Dieu protège les braves gens ! On voyait bien que les *contessine* avaient bon cœur ! » Avec cette pension que Petite tante mettait bien entendu à la disposition de Vic et de Pippo ils pourraient vivre magnifiquement tous les trois, n'importe où, en Italie. Il suffisait maintenant de faire comprendre au gouvernement que Vic avait de quoi suppléer à la dot ; cela ne devait pas être difficile. En attendant, Petite tante loua un petit appartement à la Crocetta, près de l'école de Vic, et fit fabriquer les meubles.

Ce fut tout une affaire d'Etat que ces meubles. Il ne les fallait pas nombreux, mais très beaux, légers et même démontables, pour pouvoir suivre Pippo dans ses différentes garnisons. De simples tables rectangulaires, reposant sur des chevalets à la mode ancienne; des porte-lampes pliables en fer forgé, des bibliothèques avec chevilles en bois.

Que d'allées et venues, que de soucis, que de dessins, de courses, de discussions coûtèrent ces meubles ! Mais ils furent ce que Petite tante voulait qu'ils fussent : élégants, simples, légers, solides et démontables. Lorsqu'ils furent en place, et mis en valeur par les dentelles dont Petite tante avait une collection, l'appartement fut vraiment luxueux, plus luxueux que celui d'un colonel qui aurait épousé une femme ayant une dot.

Pippo venait tous les jours passer quelques heures dans le luxueux appartement, et Petite tante se mit à chercher « les dons cachés que le Seigneur avait mis en lui ». Qu'il en avait ! Il était doué admirablement pour le dessin. Sans avoir jamais pris de leçons, il peignit tout un service qui ressemblait à un véritable service de Sèvres, et il fit de Vic une miniature qu'on eût prise pour l'œuvre d'un grand artiste. Il faisait aussi des caricatures de ses camarades officiers que Petite tante envoya à une revue illustrée. La revue en demanda d'autres et les paya. Pippo avait aussi le don des langues. En quelques mois, avec les leçons de Vic et de Petite tante, il apprit l'anglais et le français, au point de pouvoir les enseigner. Mais le meilleur de tous ces dons, c'était son amabilité, la délicatesse de ses sentiments, sa bonté pour tous, pour sa sœur, pour sa mère, pour ses soldats, et pour Petite tante surtout.

Etait-il possible que, doué de la sorte, on restât un humble officier d'infanterie?

Non, Pippo était trop modeste, il fallait qu'il allât à l'Ecole de guerre, qu'il entrât dans l'état-major, qu'il avançât rapidement.

Pippo avait des dons multiples, mais pas plus que Vic, il n'avait aucune ambition. Il aimait sa vie tranquille entre la caserne, Vic et Petite tante, et il ne demandait pas autre chose. Il prépara cependant les examens pour l'Ecole de guerre, y fut admis et en suivit les cours d'autant plus volontiers qu'ils lui permettaient de rester à Turin.

Quelles études n'aurait-il pas faites pour rester auprès de Vic! Ah! s'il y avait eu une école qui lui permît d'épouser une jeune fille sans dot ! Pippo pleurait de rage qu'il n'y en eût pas ; Petite tante au contraire faisait des projets.

J'ai dit que Vic était bonne pianiste, et aussi qu'elle avait une fort jolie voix. A la Crocetta, où elle était institutrice, elle avait appris aux fillettes à chanter, et elle avait chanté dans différents concerts de bienfaisance avec grand succès. A l'église de la Crocetta, Vic, le dimanche, chantait accompagnée d'un chœur qu'elle avait dressé elle-même et on venait de loin pour l'écouter. « Après tout, pourquoi n'entrerait-elle pas au théâtre ? Elle pourrait gagner de l'argent et se faire une dot », proposait Petite tante.

Mais Vic n'avait aucune envie d'aller sur les planches. Et, d'ailleurs, le gouvernement permettrait-t-il à un de ses officiers d'épouser une cantatrice? Non, Vic préférait attendre, continuer cette paisible vie, elle qui ne désirait jamais ce qu'elle n'avait pas.

Toutefois, au bout de quelques années, Pippo commença à trouver le temps long et à se tourmenter, et Petite tante aussi.

— Assurément, ils auraient tort de se marier s'ils ne devaient disposer que de la solde de capitaine; elle-même s'y opposerait; mais maintenant qu'elle avait une pension, cela n'avait pas le sens commun!...

Petite tante eut une autre idée. Beaucoup de femmes d'officiers s'étaient mariées comme la mère de Pippo, en se faisant prêter par des amis une dot fictive. Tous les officiers *della leggera* étaient dans cette situation. Le père de Vic ne pouvait-il pas lui prêter une dot? Un champ, une petite maison suffiraient au gouvernement qui, quand il s'agissait d'immeubles, n'y regardait pas de si près. Elle écrivit à Rosa. Désolée, Rosa répondit : « Impossible, impossible! »

Petite tante possédait dix mille lires d'économies; elle les mettait, comme elle avait fait pour sa pension, à la disposition de Vic et de Pippo. Ils pouvaient s'acheter une petite maison, un petit champ, qui représenteraient la dot.

Mais Pippo et Vic ne voulaient pas aliéner toutes les économies de Petite tante. Alors tous les trois cherchaient, cherchaient toujours comment on pourrait se procurer cette dot nécessaire, quand arriva du ciel une aide inespérée.

On attendait à la Cour un heureux événement, et Pippo apprit qu'à cette occasion il y aurait amnistie pour tous les officiers qui ne se seraient mariés qu'à l'église. Vic voulait-elle se marier à l'église et profiter de l'amnistie que l'on attendait? Mais oui, certainement. Vic fut enthousiaste de cette idée-là. Petite tante, au contraire, hésitait. Et si ensuite l'amnistie ne venait pas?

Mais Petite tante n'était pas difficile à persuader, et c'est ainsi que, par un matin brumeux, avant d'aller à l'école et à la caserne, ayant comme témoins Petite tante et une amie institutrice, Vic et Pippo se marièrent devant Dieu, dans l'église de la Crocetta. Après quoi, Vic alla à son école et Pippo à sa caserne. Le curé fit un grand éloge des deux époux et de leurs intentions, et il y ajouta un grand éloge du mariage blanc qu'il venait de célébrer. Mais Vic et Pippo sentirent leur cœur se serrer, quand ils se séparèrent.

Quand Vic chantait le dimanche, on venait de loin pour l'entendre. Ce jour-là, au contraire, l'église était vide, les orgues se taisaient, aucune voix amie ne prenait part à cette joie qui était au fond un déchirement! Etait-ce d'un mauvais augure?

Ce furent ensuite deux mois de tourments et d'inquiétude. Petite tante, toute pleine du sentiment de sa responsabilité, ne voulait pas que Vic parlât à personne de son mariage, elle voulait qu'elle portât son alliance au cou, au lieu de la porter au doigt; elle aurait presque voulu que les deux époux ne se vissent plus. Vic, au contraire, était disposée à se passer du mariage légal; elle voulait voir Pippo comme avant, et même plus qu'avant; elle voulait l'aimer tranquillement à la face du monde.

Enfin, l'heureux événement eut lieu; l'amnistie fut accordée, et Pippo et Vic eurent l'autorisation de se marier légalement.

Le mariage eut lieu à Rivara. La mairie fut pavoisée comme pour une fête nationale. A l'église, il y eut une messe chantée. Les amies de Vic vinrent avec des fleurs, des gâteaux, des fruits, comme au temps de la Madonna del Grano, pour attirer sur leur amie les bénédictions du ciel. A la maison, il y eut un repas solennel auquel le père contribua en offrant le petit porc traditionnel. Puis on dansa sur l'aire devant la maison, avec les jeunes filles du pays endimanchées, leurs rubans au vent; et, certainement, les noces royales dont l'heureuse conséquence avait permis à Pippo et à Vic de s'unir n'avaient pas été aussi joyeuses que celles du modeste officier qui épousait une jeune fille sans dot.

Vic et Pippo restèrent à Rivara après leur mariage. Ils n'éprouvaient nullement le besoin de cacher leur amour, ni de mettre une sourdine à leur joie.

V

> Sa joie immense avait été trop courte, son amour trop violent pour qu'un enfant pût l'apaiser.

Pippo avait été désigné pour aller à Messine, et, avant de venir à Rivara pour le mariage, il avait loué là-bas, sur la Palazzata, devant le ciel et la mer, un petit appartement où Petite tante avait déjà expédié les meubles. Ils y trouvèrent tout en parfait état à leur arrivée. « Avait-elle eu raison, oui ou non, de préparer pour Vic une maison démontable? En moins de temps qu'on ne peut le dire, tout avait été mis en ordre, et tout avait pu tenir dans un demi-wagon, tables, sièges, lits, divans, et rien n'avait eu à souffrir du transport, parce que tout était également beau, solide, léger et démontable. »

Le colonel, le général, les officiers de la garnison connaissaient tous l'histoire de Pippo et étaient très curieux de connaître la fameuse *promessa sposa*, et celle qui avait jusqu'à un certain point tenu lieu de tante d'Amérique.

Dès leur arrivée, les femmes des officiers posèrent mille questions, pressées de savoir si les réponses correspondaient à ce qu'elles s'étaient dit entre elles. Depuis combien de temps étaient-ils fiancés? La vie militaire plaisait-elle à Vic? La tante était-elle riche ? Qui avait fourni le trousseau ? Avaient-ils une propriété à Rivara ? Comment se faisait-il qu'elle fût née à Londres?

La tante était confuse en se voyant l'objet de l'attention générale. Vic, au contraire, répondait avec franchise.

« Ils avaient été fiancés pendant dix ans; la vie militaire était son idéal. La tante avait des ressources à elle, et puis les Montebello lui faisaient une très belle pension. C'était la tante qui avait fait faire le trousseau par Garda et Bonus, à Turin; c'était sa tante aussi qui avait fait venir ses toilettes de Paris. Son père avait eu à Londres un important fonds de commerce qu'il avait cédé. Elle avait des frères en Australie qui étaient riches. L'aîné, Carlo, avait promis d'être le parrain du premier enfant qu'aurait Vic, de lui faire une dot si c'était une fille, de le prendre avec lui dans son commerce si c'était un garçon. »

Il était bien exact que Carlo avait fait cette promesse; le reste était un peu exagéré. Vic, qui savait quel dédain on avait chez les militaires pour les officiers *della leggera,* voulut relever la famille dans l'esprit des gens, surtout la tante qui, menue, humble, toujours perdue dans sa cape noire, aurait pu être regardée de haut par les élégantes femmes des autres officiers.

Petite tante ouvrait de grands yeux en entendant débiter ces choses. Elle avait commencé par gronder Vic, mais, à la fin, elle finissait par y croire, elle aussi. Non, les robes de Vic n'étaient pas venues de Paris, mais elle les avait fait faire à l'imitation des robes des *contessine* qui venaient de chez Paquin. Non, le trousseau n'avait pas été commandé chez Garda et Bonus, c'étaient Petite tante et Vic qui l'avaient fait elles-mêmes sur la machine à coudre dont le rythme allait à l'unisson du cœur de Vic; mais elles l'avaient copié sur des modèles de Garda et Bonus. Ce que Vic disait n'était donc pas tout à fait faux. Et les paroles étaient véridiques, simplement parce qu'elles sortaient de la bouche de Vic

Quel triomphe, quand Vic chanta, à Messine, chez le général! Les soirées, tout le monde le disait, étaient si ennuyeuses avant l'arrivée des Pastelli. Les autres femmes d'officiers prétendirent que Vic apportait une sorte de fraîcheur londonienne; et les graves officiers supérieurs de la garnison, enthousiastes eux aussi, pensaient que Pippo avait eu raison d'attendre aussi longtemps une femme pareille.

Pippo et Vic étaient heureux comme ils l'avaient été pendant ces quatre jours où ils s'étaient connus à Turin, ces quatre jours qui leur avaient paru à tous les deux une si longue parenthèse de joie.

Mais la parenthèse de Messine ne devait guère être plus longue que celle de Turin.

Il y avait la guerre en Afrique; la bataille d'Adoua avait été malheureuse, et, une nuit, par dépêche, Pippo reçut l'ordre de partir avec le nouveau détachement qui, vingt-quatre heures plus tard, allait prendre le bateau pour se rendre à Massaoua. Il n'y avait qu'un mois que Vic et Pippo s'étaient enfin mariés.

Vic ne pleura pas. Elle resta calme. Pippo était soldat. C'était là sa destinée, et c'était à elle de la lui faire la moins dure possible. Elle se leva et se mit avec Petite tante à préparer tout ce qui pouvait être utile à Pippo, dans un pays désert, pour se défendre contre les embûches de la guerre, contre la solitude, contre les dangers de l'Afrique : du savon, des lunettes, de l'encre, du papier à lettres, de la quinine, de l'émétique, des contre-poisons, des livres, des dessins, des zampironi, de la poudre insecticide. Tout ce à quoi peut penser la prévoyance humaine, pour atténuer ou conjurer les dangers et les ennuis d'une campagne en Afrique, Vic et Petite tante y pensèrent, et elles préparèrent tout cette nuit même. Elles n'oublièrent pas la lampe à esprit-de-vin, ni le fiasco pour faire bouillir l'eau (le typhus faisait alors en Afrique plus de victimes que le canon). Quand il fit jour, Vic voulut aller avec Pippo à l'église; elle voulut se prosterner avec lui devant Dieu et le remercier de tous les biens dont il les avait comblés jusque-là. «Une douleur, disait Vic, ne doit pas faire oublier les jours heureux qui ont précédé.» Dieu leur avait accordé plus de bonheur que n'en connaissent les autres dans une très longue vie. Elle en remerciait Dieu ; que Dieu voulût lui garder Pippo, c'était tout ce qu'elle demandait.

Vingt-quatre heures après avoir reçu l'ordre, Pippo était prêt à partir; Vic et Petite tante l'accompagnèrent sur le bateau et restèrent avec lui jusqu'au départ, sans un cri, sans une larme.

*
* *

Quand Pippo fut parti, Vic et Petite tante restèrent seules, seules à Messine, loin de toute voix amie. Rosa écrivit en conseillant à sa fille de revenir à Rivara. L'idée semblait raisonnable à Petite tante, mais Vic préférait rester à Messine. Messine était tout près de l'Afrique; il semblait à Vic que son souffle d'amour devait parvenir à Pippo plus facilement à travers le court bras de mer qu'à travers tout un continent. Petite tante l'approuva.

Elles ne connaissaient personne à Messine en dehors des femmes des officiers, et Vic commençait à ressentir d'étranges malaises. Aucun des trois n'avait pensé, quand Pippo était parti, qu'un fils naîtrait en l'absence de son père.

Vic se sentait de plus en plus fatiguée. Elle ne pouvait plus travailler à la maison. Elle chercha une grande fillette qui pût venir aider la tante. Une pauvre femme des environs leur confia sa Santuzza, âgée de treize ans, qu'elles traiteraient, cela était entendu, comme une fille et une sœur. Santuzza se prit à aimer tout de suite ses chères maîtresses; elle parlait, elle aussi, de Pippo, comme si elle l'eût connu. Elle aidait Petite tante à préparer la layette, avec le sérieux d'une petite maman.

Les lettres de Pippo arrivèrent tantôt très rapprochées les unes des autres, tantôt espacées; il y eut même un mois tout entier sans nouvelles, mais Vic ne se lamentait pas, elle cherchait à dominer sa mélancolie, pour ne pas troubler le fils de Pippo qu'elle portait dans son sein.

La guerre est la guerre. On apprenait tous les jours que des officiers étaient morts, que des régiments étaient décimés par le typhus et par la fièvre paludéenne. Pippo ne mourut pas, mais ce fut Vic qui faillit mourir.

Plus l'heureux événement approchait, et plus elle se sentait souffrante. Petite tante n'avait jamais assisté à une naissance, et elle ne comprenait rien à ce mal-là. L'enfant fut mis au monde avec l'aide du médecin du régiment, qui, lui non plus, n'avait jamais vu naître d'enfants. Vic eut une fièvre infectieuse, et pendant deux mois fut entre la vie et la mort.

Et le fils de Pippo, Carlo, enfant magnifique tout d'abord, dépérit et se rida comme un vieillard. S'il fut sauvé, il le dut aux soins de Santuzza, qui s'occupa de lui avec l'intelligence et le cœur d'une vraie mère. Petite tante, désespérée, n'avait d'yeux et d'oreilles que pour Vic malade. Et puis la jeune femme commença à aller mieux.

Toute vie nouvelle qui éclate, feuille, plante ou oiseau, est une chose si miraculeuse qu'elle émerveille ceux qui la suivent de près. On s'imagine ce qu'était pour Petite tante la vie d'un fils de Vic. « Avait-on jamais vu un enfant aussi extraordinaire que Carlo? » Il suffisait d'un regard, d'un sourire, d'un cri pour qu'elle s'extasiât une journée tout entière, et Santuzza faisait durer cette extase, ravie de cette première maternité.

Vic demeurait un peu étrangère à tout cela. Sa joie immense avait été trop courte, son désir d'avoir enfin Pippo auprès d'elle était trop violent pour que Carlo pût prendre sa place. Elle s'obstinait à rester à Messine avec l'illusion que, quelque belle nuit, à l'improviste, comme il était parti, Pippo reviendrait.

Mais là guerre, au contraire, se prolongeait et le général avertit Vic que Pippo resterait sans doute encore un an en Afrique, peut-être davantage. Il eût été absurde de demeurer dans de telles conditions à Messine. Les deux femmes décidèrent de retourner à Rivara.

Ce fut pour Vic un des jours les plus pénibles de sa vie que celui où elle quitta Messine. Il lui semblait qu'en abandonnant l'étroit bras de mer qui unissait la Sicile à l'Afrique, elle se séparait pour toujours de Pippo, qu'elle s'éloignait pour toujours de son bonheur passé, qu'elle fermait pour toujours une période merveilleuse de lumière.

« Ce n'est pas raisonnable, se répétait-elle à elle-même. Dix kilomètres ou mille kilomètres, c'est la même chose quand on est éloigné l'un de l'autre. » Vic ne comprenait pas pourquoi ce n'était pas la même chose, mais, pour son cœur, ce n'était pas la même chose.

« C'est une impiété, pensait-elle, d'être aussi triste quand Dieu vous a accordé la grâce d'épouser l'homme que l'on aime, de le savoir vivant malgré la guerre, d'avoir un fils comme Carlo et une si bonne Petite tante ».

Mais elle était triste.

Au lieu d'aller à Rivara directement, elle s'arrêta à Pise chez les grands-parents Pastelli. Pise était moins loin de l'Afrique que Rivara, et puis, les grands-parents Pastelli, c'était un peu de Pippo. Elle prolongea son séjour dans les chambres nues, au milieu des meubles rares et pauvres qui parlaient de Pippo et lui donnaient l'illusion que Pippo pouvait apparaître devant elle d'une minute à l'autre. Mais l'été vint; les joues de Carlo pâlissaient, et Vic se décida à le conduire à Rivara.

Les paysannes lui avaient préparé un accueil semblable à celui de son mariage. Le père Piccozza lui-même, qui était fatigué de sa solitude, lui fit fête tout en gardant son ton bourru. Rosa et les paysannes s'extasièrent devant le gros Carlo. Petite tante, qui les avait précédés, avait fait venir de Turin un piano pour que Vic recommençât à chanter et retrouvât dans la musique un peu de joie, mais Vic se sentait toujours fatiguée, toujours abattue.

— Quelle fatalité — se disaient l'une à l'autre Rosa et Petite tante — maintenant qu'elle aurait pu être si heureuse !

— Quelle fatalité ! — murmuraient l'une à l'autre les paysannes qui, toutes, connaissaient l'histoire de Vic.

Et Santuzza, qui était vraiment devenue quelqu'un de la famille, fit un vœu à la *Madonna del Forno* pour que le mari de sa maîtresse revînt au plus tôt.

Des mois et des mois passèrent ainsi; et Pippo revint enfin; il revint triomphant, avec un galon de plus, une belle médaille, trois mois de congé et le choix de sa nouvelle garnison. Il n'avait pas eu la moindre égratignure, le moindre malaise, grâce aux remèdes, aux désinfectants dont Vic et Petite tante avaient eu la présence d'esprit de le munir à son départ. C'était du moins ce qu'il racontait à tout le monde.

Malgré sa joie, Vic continuait à être fatiguée et abattue. Elle ne se sentait pas mal, mais elle ne se sentait pas bien non plus.

« C'est la longue anxiété qui a produit cela, pensait-elle. L'état dont on a souffert pendant quatre années ne saurait se modifier en un jour. »

Pippo choisit Turin comme résidence, et il y fut nommé professeur à l'Ecole de guerre. Petite tante triomphait. « Avait-elle eu raison, oui ou non, de vouloir que Pippo se mît à étudier? Qui sait où on l'aurait envoyé s'il avait été simple officier d'infanterie comme les autres! »

Petite tante se rendit à Turin, y trouva une maison, y fit venir ses meubles. Et voici que de nouveau, contre les murs, se dressèrent les bibliothèques, les armoires, les meubles légers, solides, élégants, démontables.

Pas un de cassé entre l'aller et le retour de Turin à Messine, de Messine à Rivara, de Rivara à Turin. N'avait-elle pas eu raison de se donner tant de mal pour avoir des meubles qui répondissent aux exigences d'un officier en activité?

Quand tout fut prêt, Vic et Pippo arrivèrent avec Carlo. Ils se récrièrent devant les miracles de Petite tante. Mais Vic se sentait si fatiguée! Qu'avait-elle donc? Elle s'aperçut au bout de quelques semaines qu'elle allait avoir un autre enfant. Ce serait une fille, certainement. On lui donnerait le nom de sa tante. Et Petite tante était ravie en songeant à cette nouvelle Joséphine qui allait naître, mais inquiète aussi. Au bout de quelques mois, elle voulut conduire Vic chez un médecin. Les choses s'étaient trop mal passées à Messine pour attendre le moment de la naissance dans l'incertitude. Elle voulait donc consulter pour savoir les précautions que Vic devait prendre pour éviter un accouchement trop difficile.

Le médecin accoucheur secoua la tête. « Des soins spéciaux n'étaient pas nécessaires; les malaises de Vic ne venaient pas de sa grossesse. Il fallait aller trouver un médecin clinicien. » Vic et Petite tante se rendirent donc chez un autre médecin, celui des *contessine* de Montebello, car Vic n'avait jamais eu besoin de médecin, et

Petite tante n'en connaissait pas d'autres. Elles allèrent chez lui sans préoccupation pour ainsi dire, comme on va chez le dentiste.

Mais le docteur, qui connaissait Petite tante, ne voulut rien lui dire, ni à Vic. Il demanda à parler à Pippo, et il lui déclara que Vic était phtisique et d'une phtisie très avancée. Il fallait absolument la séparer du petit Carlo, si on voulait le sauver de la contagion. Quant à l'enfant à naître, il faudrait, dès qu'il serait né, l'éloigner et le confier à une nourrice robuste, à la campagne. Dès sa délivrance, il faudrait mener la malade dans un sanatorium.

Pippo tenait à peine sur ses jambes, quand il sortit de la maison du docteur. Il avait vu mourir et cru mourir lui-même cent fois pendant ses longues années d'Afrique, mais jamais, non jamais, même sous le feu de l'ennemi, il n'avait éprouvé pareille émotion. Vic était malade! Vic était phtisique! Vic, pour laquelle il avait tant soupiré pendant cette interminable campagne d'Afrique; tant soupiré pendant les années qui avaient précédé la campagne! Fallait-il qu'elle lui fût arrachée pour toujours? Fallait-il que lui-même l'éloignât de lui, qu'il l'éloignât de son fils? Et ils vivraient pour toujours ainsi, loin l'un de l'autre!...

Pippo n'eut pas le courage de dire la vérité à Vic, et Vic et Petite tante étaient si loin de la supposer qu'elles ne la demandèrent même pas. Ce fut le médecin accoucheur qui interrogea brusquement Pippo et qui lui arracha une à une les déclarations de l'autre médecin... Vic et Petite tante en demeurèrent accablées.

*
* *

— Eh bien! si ses jours étaient comptés, déclara Vic aussitôt qu'elle eut repris son calme, elle saurait se résigner! Mieux valait une vie brève pleine d'affections tendres, comme celle qu'elle avait vécue, qu'une vie pénible, grise, comme l'année où il lui avait fallu renoncer à Pippo. L'idée de mourir ne l'effrayait pas tellement..., mais elle ne voulait pas se séparer des siens. Qu'on ne lui enlevât pas Carlo, et qu'on lui permît de nourrir la petite Joséphine qui allait naître! Elle prendrait toutes les précautions nécessaires, mais confier son enfant à une étrangère, c'était trop dur pour elle ! et d'aller dans un sanatorium aussi! Elle voulait mourir auprès de Pippo, de Carlo et de Petite tante. Elle avait été si heureuse pendant ces derniers mois passés ensemble. Elle voulait vivre quelques temps encore ainsi, et puis mourir ! Petite tante et Pippo ne s'opposèrent nullement à ses désirs. Tout risque, pour eux, pour Carlo, pour l'enfant à naître, tout disparaissait à leurs yeux devant les angoisses de Vic. Que n'auraient-ils pas fait pour adoucir sa douleur ?

Mais Vic, au contraire, à la longue, se persuada peu à peu que le médecin avait raison. Si elle était malade, il était absurde de mettre en danger la vie de Carlo simplement pour le plaisir de l'avoir auprès de soi. Elle cessa de l'embrasser et se mit à le confier à Santuzza presque complètement. Il était absurde de mettre en danger la vie de la petite fille qu'elle portait dans son sein; elle écrivit elle-même à Rivara pour qu'on lui cherchât une nourrice. Puis elle fit venir le médecin, se fit donner les instructions les plus précises sur la façon dont elle devait se comporter, et elle adopta rigoureusement les mesures qui lui étaient conseillées, sans que les autres, dans leur accablement, s'en rendissent compte. Quand naquit le petit Joseph (ce fut en effet un garçon et non la petite fille attendue), Vic était complètement résignée et sereine.

La nourrice que l'on s'était assurée à l'avance arriva de Rivara dès qu'on lui fit signe. C'était une ancienne amie de Vic, une de ses compagnes de pèlerinage. Elle était toute fière d'allaiter un enfant de Vic. Vic pouvait se reposer tranquillement sur elle, comme si elle nourrissait elle-même.

— Il n'y a pas à dire, Dieu me protège toujours! disait Vic en remettant le petit Joe à son amie et en pensant à la filière de nourrices et de bureaux de placements que l'amie lui avait épargnée, aussi funestes pour la santé du nourrisson que pour la bourse d'un pauvre capitaine d'infanterie... Mais Dieu lui réservait d'autres consolations!

Oh! la phtisie n'est pas aussi terrible qu'on le croit à première vue, et elle est bien moins rare qu'on le suppose. Depuis le jour où Vic et Petite tante avaient commencé à faire connaître à leurs parents et à leurs amis le verdict du médecin, que de cas semblables on lui avait fait connaître! que d'amis qu'ils avaient cru pendant des mois en voyage à l'étranger avaient été, au contraire, dans un sanatorium, d'où ils étaient revenus parfaitement guéris. Il y en avait deux dans le régiment de Pippo. Dans cinquante pour cent des cas, on guérit.

Aller dans un sanatorium? Vic avait d'abord rejeté la proposition. Petit à petit, elle en était venue à se persuader qu'il le fallait et presque à le désirer. Mais, dans les conditions de fortune où ils étaient, une telle cure était un désastre que Vic se refusait toujours à vouloir accepter quand on agitait cette question.

VI

Comment pouvait-elle savoir ce qui était le meilleur ou ce qui était le pire? Dieu seul le savait.

Une des *contessine* de Montebello avait épousé un jeune marquis riche et d'humeur gaie, qui n'hésitait pas à dépenser sa richesse et sa santé, comme si l'une et l'autre étaient inépuisables. Deux années auparavant, il était tombé malade. « Mademoiselle » ne l'avait pas su. Elle avait appris seulement qu'il avait quitté l'Italie, puis qu'il était revenu beaucoup plus sage. Elle apprit alors qu'il avait été poitrinaire, qu'il était allé dans un sanatorium et qu'il en était revenu tout à fait guéri.

Eh bien! les anciennes *contessine* de Montebello, qui avaient pu toucher du doigt les bienfaits de la cure, avaient sans rien dire écrit au médecin du marquis pour avoir des informations plus précises, et elles vinrent proposer à Vic d'aller à leurs frais pendant un an dans un sanatorium.

On peut imaginer la joie de la tante.

devant cette offre si généreuse. On le voyait là le bon cœur des *contessine*. Ne l'aimaient-elles pas, comme si elles avaient été ses filles, plus que si elles avaient été ses filles? La proposition était digne d'elles! Certes! Dieu les avait inspirées, mais pourquoi les eût-il inspirées, s'il n'avait pas voulu que Vic guérît? C'était là, certainement, une façon mystérieuse d'annoncer la guérison. Puisque le marquis avait été guéri, pourquoi Vic ne guérirait-elle pas? Petite tante aurait voulu que Vic partît immédiatement. Le docteur ne l'avait-il pas dit ? Plus tôt on se soigne, et plus vite on guérit. Et Petite tante voyait déjà Vic guérie, voyait déjà enlevée la terrible épée de Damoclès suspendue sur sa tête.

Vic décida donc de partir. Pippo l'accompagnerait à Leysin; Petite tante resterait pour désinfecter la maison, puis elle conduirait Carlo à Rivara, où elle attendrait le retour de Pippo.

Pippo, quand ils quittèrent Turin, était préoccupé et triste, Vic au contraire était très gaie. C'était la première fois qu'ils voyageaient en tête à tête, Pippo et elle. « Voilà, disait-elle, leur voyage de noces. Comme elle était heureuse! Comme Pippo était bon! Comme elle était contente de pouvoir l'aimer à son aise! Non, elle ne pouvait pas se plaindre de la vie! Il n'y avait pas beaucoup de femmes ayant le même bonheur qu'elle et pouvant laisser en toute tranquillité sa maison, ses enfants, son mari entre les mains d'une tante aussi précieuse que la sienne. Il n'y avait pas beaucoup de femmes unies comme elle à un mari qui, au lieu de s'éloigner épouvanté devant le terrible verdict du médecin, se serrait toujours plus près de son cœur. Il n'y avait guère de femmes à qui d'altières *contessine* payassent les frais du sanatorium, simplement parce qu'elles aimaient Petite tante.

A peine arrivée à Leysin, Vic chercha l'église, et là, se serrant contre Pippo, elle se jeta aux pieds du Seigneur pour le remercier de tant de biens dont il l'avait comblée. Elle ne parla pas de sa santé. Elle était si sûre de guérir! Et puis, comment pouvait-elle savoir ce qui était le meilleur ou ce qui était le pire? Dieu seul le savait, lui qui connaît le passé et l'avenir. Les décisions qu'il prendrait pour elle seraient sûrement meilleures que celles qu'elle eût prises elle-même!

Au bout de huit jours, Pippo dut la quitter. Vic ne pleura pas, ne se désespéra pas. « La gaieté, l'attention à éviter toute émotion trop forte est la première condition pour guérir », avaient dit les médecins, et Vic voulait guérir et ne négliger aucune prescription pour guérir le plus vite possible. Et puis, elle se trouvait si bien à Leysin. C'était pour elle la vie idéale. Toute la journée au grand air, tantôt en traîneau sur la neige, tantôt étendue au soleil sur la terrasse et bien enveloppée dans la couverture de laine que Petite tante avait tricotée pour qu'elle fût plus souple et plus chaude.

Comme il était délicieux de rêver dans le demi-sommeil de la terrasse ensoleillée, de penser à Pippo, à Petite tante, à Carlo, de relire même entre les lignes les douces et longues lettres qu'on lui écrivait tous les jours.

Les compagnons de terrasse de Vic ne tardèrent pas à lui porter beaucoup d'intérêt, soit à cause des sympathies qu'elle faisait naître partout, soit à cause de son cas singulier : toutes les semaines, on lui prenait des photographies pour les envoyer à Pippo, car tous, maintenant, l'appelaient Pippo, comme s'ils avaient toujours connu le mari de Vic. On lui enseignait des jeux où elle pouvait jouer toute seule pour passer les longues heures de silence que prescrivaient les médecins. Vic n'avait pas besoin que le temps passât rapidement, mais elle était reconnaissante à ses compagnons qui cherchaient à lui faire plaisir.

L'air de Leysin, le régime de la cure rigoureusement suivi firent des miracles. En un mois, Vic avait augmenté de dix kilogrammes et la fièvre avait disparu complètement. Au bout de deux mois, elle put se remettre à chanter et à jouer du piano.

Chaque lettre qu'elle écrivait en décrivant minutieusement ses progrès était une vague de joie qui allait résonner avec un triple écho dans la maison lointaine de Turin.

Vic était bientôt devenue la benjamine de tout le sanatorium; malades, médecins, infirmières étaient toujours autour d'elle, parce que sa joie et sa confiance étaient communicatives et sa tranquillité semblait à tous un gage de tranquillité individuelle.

Les progrès continuèrent sans interruption, et, à la fin du printemps, le médecin lui permit de retourner à Turin. Pas d'excès, recommandait-il, pas d'émotion. De l'air, de la lumière, de la tranquillité; et s'il se produisait une nouvelle attaque du mal, il fallait revenir aussitôt pour faire une guérison définitive.

*
* *

A Turin, Vic n'eut d'abord que l'émotion infiniment douce de retrouver Pippo, Carlo et Petite tante qui l'attendaient avec une impatience joyeuse. Mais les nouvelles que l'on avait de Joe, toujours à

Rivara, n'étaient pas bonnes. Joe pleurait; le médecin ne comprenait pas ce qu'il avait, Joe secouait la tête et le médecin ne comprenait pas. Pippo alla à Rivara avec un médecin de Turin. Le médecin déclara que Joe avait une méningite. Vic voulut aller à Rivara avec Petite tante pour le mieux soigner, mais tout fut inutile; après s'être débattu un mois dans la souffrance, Joe mourut. Vic elle-même voulut l'accompagner dans le petit cimetière du pays. Après quoi, elle chercha à contenir son émotion. — Si, malgré toutes les précautions, elle avait transmis le terrible germe à son enfant, ne valait-il pas mieux que Dieu l'eût rappelé à lui avant qu'il n'eût conscience de la vie? Pouvait-elle se plaindre de son sort après tant de signes que Dieu lui avait donnés de son infinie bienveillance? Ne lui avait-il pas laissé l'affection de Pippo ? —

Vic contint son émotion. Les mois de septembre et d'octobre de cette année-là furent magnifiques. Vic put demeurer des heures étendue au soleil, suivant rigoureusement les prescriptions, comme à Leysin, mais quand l'hiver vint, la fièvre la reprit et aussi la toux; elle toussait peu, il est vrai, et autrefois personne n'y eût pris garde, mais maintenant... Le médecin déclara qu'il fallait que Vic retournât à Leysin.

Vic partit, toute seule cette fois, par économie. Malgré le secours des *contessine*, son séjour au sanatorium faisait déjà une grande brèche dans leur budget.

A Leysin, Vic recommença sa cure méticuleuse pour guérir, mais les progrès ne furent pas, cette fois, aussi visibles que l'année précédente, et quand vint l'été, c'est à peine si elle allait mieux qu'à son arrivée. Malgré les protestations des médecins, en septembre, elle voulut retourner à Turin; la maladie se prolongeait trop; elle ne pouvait pas prétendre que les *contessine* renouvelassent tous les ans leur action généreuse; elle ne voulait pas épuiser les dernières ressources de Petite tante.

« Désormais, du reste, concluait-elle, je sais comment me soigner. Il faut que je reste aussi longtemps que possible au soleil sur une terrasse. Quant aux soins médicaux, on peut voir dans les livres ceux qui conviennent, et vous, Pippo et Petite tante, vous pouvez me les donner. » Petite tante et Pippo se plongèrent dans les livres, ils étudièrent ce qu'ils devaient faire, et aucun médecin, certainement, n'aurait pu la soigner aussi bien qu'ils firent, ni plus scrupuleusement. Et Santuzza aussi.

Pauvre Santuzza! Une autre fille serait partie, par peur de la contagion; Santuzza non seulement ne partit pas, mais même elle ne voulut plus être payée, quand elle commença à voir les privations que s'imposaient Petite tante et Pippo. A son service ordinaire, elle avait ajouté la lessive, parce que les blanchisseuses se refusaient à laver le linge de la maison contaminée.

Oh! oui, il y a bien un Dieu qui protège les braves gens.

Pippo demanda à changer de garnison, à aller à Rome ou à Naples, dans un climat plus doux. Il l'obtint aussitôt. Ses supérieurs connaissaient son cas et désiraient lui venir en aide. Il fut envoyé à

Rome. Là, il choisit une belle maison avec une grande terrasse au soleil, où l'on installa le fauteuil de Vic.

Avant d'entrer dans sa nouvelle maison, Vic voulut obtenir une audience du pape et lui demander sa bénédiction. Elle ne demanda pas, par son entremise, au Seigneur la grâce de guérir. « Ce qui valait le mieux pour elle », voilà ce qu'elle demandait. Vouloir imposer sa volonté lui faisait horreur. Que savait-elle de l'avenir? Mourir n'était pas le plus grand des malheurs. Elle avait éprouvé elle-même, pendant cette année où elle avait renoncé à Pippo, qu'il y a des douleurs beaucoup plus pénibles que la mort.

Le climat de Rome parut d'abord lui réussir. Elle fut assez bien pendant tout l'hiver, mais, quand vint le printemps, elle recommença à se sentir malade. Puis elle alla mieux durant l'été; puis plus mal en hiver; et elle continua ainsi pendant deux ou trois ans. Pippo, Petite tante, Santuzza l'entouraient de leurs soins, toujours avec le même empressement, avec les mêmes tourments et la même confiance. Vic conservait sa sérénité; elle avait conscience du grand bonheur qu'elle avait d'être aimée si tendrement. Elle le leur répétait tous les jours, en les remerciant du fond de son cœur, mais elle était fatiguée de lutter et, secrètement, au fond d'elle-même, sans que ses oreilles pussent entendre, elle demandait à Dieu de la rappeler à lui.

« Mon Dieu, disait-elle, je suis disposée à lutter encore, à vivre malade, mais de voir Pippo et Petite tante et Santuzza se fatiguer toujours à mes côtés et à cause de moi, mais de penser au danger qui les menace sans cesse par ma faute, à l'énorme fatigue, aux sacrifices qu'ils doivent faire tous les jours pour moi, cela me fait trop de peine; et de penser que Carlo grandit auprès d'une maman malade, loin des enfants de son âge, tout cela me ronge trop, vraiment trop. Ma part de joie sur la terre, je l'ai eue; il est juste que je laisse la place à d'autres. »

Et Dieu l'exauça, et doucement, dans les bras de Pippo et de Petite tante, peu après, elle quitta la terre. « Que de chance j'ai eue dans la vie! » Telles furent ses dernières paroles.

Son père voulut que son corps fût rapporté à Rivara. Elle repose à l'ombre de l'église qui avait vu sa grande joie. Pour la première fois de sa vie peut-être, le signor Piccozza s'aperçut qu'il avait aimé quelqu'un.

Traduit de l'italien
par URBAIN MENGIN.

JUDITH

(Florence. 1870-1926)

I

Donner et recevoir, agir et regarder, protéger et se sentir protégée, tout lui était un plaisir.

On habitait, parmi les verdures de San Miniato, une maisonnette surmontée d'une large terrasse d'où l'œil embrassait le panorama de la ville. La mère — Déborah — était intelligente, adroite, ingénieuse et avec les minces salaires du mari trouvait le moyen de faire faire très digne figure à la famille. Petit employé au temple israélite de Florence, le père — Abraham — était un homme humble, timide, scrupuleux, pour lequel rien n'existait au monde que sa femme et sa fille. En lui, pas un désir, pas une aspiration en dehors du besoin de les voir heureuses. Tout le jour, il pensait à elles et chaque soir, quand il rentrait de la synagogue, c'était une nouvelle surprise à leur intention. — une naïve et modeste surprise, une surprise proportionnée à ses ressources et à son imagination : un petit fromage, une botte de cerises, un ruban, un bibelot quelconque et, s'il était à court d'argent, un bouquet de fleurs qu'il composait en musant le long de la rive. Et la même joie accueillait chaque soir son retour au foyer, où on le remerciait de ses cadeaux en le fêtant comme on eût fêté le Messie. Alors, avant de s'asseoir à table dans l'adoration des siens, l'heureux messie adressait en son simple langage une fervente action de grâces à ce Dieu dont la miséricordieuse bonté le comblait de tant d'affection.

Le repas terminé, tous les trois gagnaient la terrasse qui dominait la vallée et il leur arrivait parfois de s'y attarder des heures à se conter les incidents de la journée et à regarder poindre une à une les étoiles dont l'éclat éteint les tracas de la journée et remplit de charme la douce intimité de la soirée.

Judith associait le tempérament religieux et contemplatif du père au tempérament actif et pratique de la mère, et les qualités et les défauts, en apparence contradictoires, qu'elle devait à ses parents s'accordaient pour former en elle un ensemble singulièrement harmonieux. Libre d'envie, de jalousie, de mauvais amour-propre, de toutes les vilaines inclinations qui empoisonnent l'existence, elle bornait strictement ses désirs aux objets qu'elle pouvait atteindre. Intelligente et d'imagination fertile et inventive, elle se pliait aisément aux circonstances et muait aussitôt « en bonheurs » les imprévus et les menus événements de la vie quotidienne. Donner et recevoir, agir et regarder, travailler et réfléchir, protéger et se sentir protégée, tout lui était un plaisir.

Elle n'avait ni frères ni sœurs, mais des alliés en nombre : du côté maternel, des tantes et des cousines riches, gent positive et qui gagnait de l'argent; du côté de son père, des tantes et des cousines pauvres, gent mystique et rêveuse et qui en perdait. Judith admirait les dentelles et les ouvrages de tapisserie auxquels travaillaient les cousines pauvres comme elle admirait les belles toilettes des cousines riches; enchantée d'accepter les gâteries que lui prodiguaient ses parents riches, elle était tout aussi contente de gratifier ses cousines pauvres des modestes secours et des humbles présents que ses moyens lui permettaient de leur offrir; c'est dans la même mesure qu'elle jouissait et des heures passées au théâtre en compagnie de ses oncles maternels et des promenades comme des belles et mystiques histoires dont la régalaient ses tantes paternelles. Et parents riches et parents pauvres savaient gré à Judith d'accueillir avec un tel élan chacune de leurs invitations et d'apprécier si vivement les joies qu'ils lui procuraient, de sorte qu'on n'allait jamais au spectacle ni à la promenade sans elle.

Judith avait été une enfant heureuse et, chose assez rare, consciente d'être heureuse. Chaque jour, elle se remémorait longuement ses bonheurs qu'elle considérait comme personnels ; quant à ses peines, elle n'y songeait pas, celles-ci étant « du domaine commun ». Et de tout son bonheur, elle débordait de reconnaissance pour son père, sa mère, la nature, sa nombreuse parenté et, par-dessus tout, pour Dieu.

Judith n'avait pas l'esprit religieux au sens étroit du mot, et c'est ainsi qu'elle ne se faisait par exemple aucun scrupule de goûter à l'insu de son père d'un mets prohibé ou de manquer un samedi aux offices de la synagogue : mais sa confiance en Dieu n'eût pu être plus complète ni plus tranquille. Pour elle, Dieu n'était point un principe abstrait : Dieu était une réalité vivante, aussi vivante que père et mère; Dieu prenait soin d'elle comme elle-même, si elle eût pu, eût pris soin d'autrui.

C'est comme un père, comme un frère, comme un ami qu'elle aimait Dieu et elle le voyait. Positivement, ses yeux fervents le voyaient siégeant au milieu des anges, sur son trône d'or, sa main soutenant son front chargé de pensées, constamment attentif à considérer ce qui se passait sur terre et toujours préoccupé de répandre sur la création autant de bonheur qu'elle-même, en se supposant à la place de Dieu, aurait voulu en répandre autour d'elle. Et ce Dieu omnipotent n'avait rien des façons distantes, rien de la hauteur ni de la raideur des princes de la terre : ce Dieu était accueillant et cordial comme papa Abraham.

C'est à lui qu'elle demandait en confidence tout ce qu'elle désirait et, sa prière restait-elle inexaucée, elle demeurait convaincue que la cause en était à ce que « Dieu doit répondre à tant de sollicitations qu'il ne peut cependant pas tout accorder aux uns et ne rien accorder aux autres » et qu' « il faut bien qu'il dispense plaisirs et peines avec un peu de justice ».

*
* *

Mais à présent Judith n'était plus une enfant. Elle allait avoir seize ans accomplis et la loi judaïque veut qu'à cet âge-là une fille se marie ou que du moins son père et sa mère s'enquièrent d'un mari pour elle. Or, Déborah ni Abraham n'avaient, certes, l'intention de se dérober au commandement de Dieu, et Judith pas davantage.

On entreprit donc les laborieuses recherches, en s'adressant d'abord aux parents proches et lointains, puis aux amis des amis et des alliés. Tous les braves gens que Déborah et Abraham connaissaient ou ne connaissaient pas furent mis en mouvement en vue de découvrir l'épouseur : et cette perle, on finit par la trouver. Il s'agissait d'un coreligionnaire dont la famille était originaire de Lucques. Si le jeune homme n'était pas riche il était fort expert dans son métier d'orfèvre et il avait réussi à ouvrir un magasin sur le Ponte Vecchio. Bien que ce ne fût qu'une boutique, ce magasin, tout Florence y accourait, car personne ne montait les pierres comme ce maître ouvrier qui, en outre, n'avait pas son pareil pour « empaumer » la clientèle.

Jacques eut un petit rire quand son ex-patron lui parla de Judith. Jacques était d'intelligence très alerte, mais d'humeur capricieuse et instable, avec toutes les qualités et tous les défauts d'un artiste-né. Arrivé garçon à Florence, il y avait toujours vécu seul, passant de pension en pension, d'une amie à une autre amie, et l'idée de se marier — l'idée surtout de se marier « selon les rites » et à la suite d'un arrangement auquel il était étranger — ne lui était assurément jamais venue.

Jacques eut un petit rire à la proposition qui lui était faite — et s'il consentit néanmoins à se rendre chez Abraham et Déborah, ce ne fut pour ainsi dire qu'en se moquant et en se promettant d'en plaisanter avec les camarades. Mais à peine eut-il aperçu Judith que, contrairement à ses prévisions, il se sentit troublé et plein d'admiration pour cette fillette à la fois gaie et de bonne tenue, si absolument différente de toutes les femmes qu'il avait rencontrées jusqu'ici. Elle était d'ailleurs si sincère, cette admiration, que ce fut d'un cœur réellement ému que peu après il déclarait son amour.

Alors, Judith commença à s'attacher à

Jacques de toute la force de son âme ardente. Elle qui croyait son cœur comblé et qui estimait impossible d'y loger quelque nouvelle affection! Comme elle s'était trompée et quelle place encore Jacques n'y avait-il pas trouvée ! Quelle place également dans l'affection d'Abraham et de Déborah!

« Non, ils n'auraient pu souhaiter pour leur fille un mari convenant mieux, et Dieu avait expressément guidé leur main. Intelligent comme Judith et aussi instruit! A l'écouter, on eût dit un rabbin... Il n'était pas sans défauts. Il se montrait certains jours agité, voire nonchalant. D'autres fois, il se raillait de tout et de tous. Il avait les yeux plus grands que le ventre. Il ignorait les commandements de Dieu et ne s'en souciait guère... Bah! un jeune homme si tôt livré à lui-même ne saurait être parfait!... et à vingt-cinq ans, on a le temps de s'amender! »

Abraham et Déborah n'avaient évidemment pas tort d'en juger ainsi. Seulement, pour corriger ce garçon, encore importait-il de hâter le mariage et par là de donner à Judith le moyen d'agir effectivement sur lui, de le soustraire à de dangereux contacts, de l'arracher à ses mauvaises habitudes. C'est précisément ce que Débo-rah et Abraham étaient incapables de saisir, eux qui s'étaient attendus sans impatience dix longues années. Le mariage, ils inclinaient à le retarder le plus possible, sous prétexte « qu'il seyait que ces jeunes gens se connussent mieux », afin que Jacques se libérât de l'emprunt qu'il avait contracté pour ouvrir sa boutique, par-dessus tout « parce qu'ils étaient si jeunes l'un et l'autre ».

Il se produisit donc ce qui était fatal : Jacques, lui, attendit un mois, deux mois, et se fatigua d'attendre. Le premier août, il ferma sa boutique pour quelques semaines, en expliquant à ses futurs beaux-parents que « des clients l'appelaient à Viareggio ». A Viareggio, en fait de clients, il retrouva d'anciens amis et amies, par lesquels il se laissa accaparer, qui ridiculisèrent ses projets matrimoniaux, se moquèrent de Judith et lui ravirent temps, argent, santé.

II

> Elle se produisait l'effet d'un oiseau auquel on a coupé les ailes, et qui, après des tentatives inouïes, retombe épuisé, étourdi.

« Judith, ma chère âme, prépare-toi à un gros chagrin, — dit un jour Déborah à sa fille, Abraham ne s'en sentant pas le courage. — Ton Jacques, cesse de l'aimer... Jacques n'est pas digne de toi... » Judith se mit à trembler comme tremblent les feuilles d'automne quand, la tige épuisée, elles frémissent au moindre souffle; en elle aussi, la tige qui la rattachait à la vie s'était comme subitement desséchée; si poignante était sa peine qu'elle tremblait, tremblait, sans arriver à pleurer.

« Oublier Jacques ! De vrai, ce n'était pas possible. » Tandis qu'avant de connaître Jacques son âme lui semblait si pleine de tendresse et que papa, maman, les tantes et les cousines y occupaient tant de place, voilà que son cœur, soudain, était vide, flétri telle une outre dégonflée, à l'idée d'en chasser son fiancé. « Oublier Jacques? Autant lui demander de s'arracher le cœur tout entier. »

Jacques reparut comme Judith se débattait au milieu de ces émotions. Les cheveux et la barbe en désordre, il était accablé, pâle et malade. Point par point, il lui répéta ce que lui avaient dit ses parents; il lui exposa comment il s'était laissé entraîner derechef dans la mauvaise société de ses anciens camarades; il avoua l'argent gaspillé, la faillite en perspective, son magasin fermé à jamais et l'abandon de tout et de chacun. Il n'entendait pas s'excuser : il confessait sa faute et, en se déclarant indigne de sa fiancée, il venait lui rendre sa parole.

Ah! les projets de rupture, les fiers projets d'irrévocable dédain qu'elle avait en elle-même formulés au cours des mois durant lesquels les lettres de Viareggio se faisaient si longtemps désirer! Les beaux discours qu'elle avait préparés à son intention et qu'elle lui tiendrait lorsqu'il se remontrerait, le front arrogant dans l'ombre de son grand chapeau à la d'Artagnan et la lavallière flottante sur l'échancrure de sa chemise! Mais les beaux discours et tous ces fiers projets, que déjà les arguments de père et mère n'avaient réussi qu'à ébranler, avaient aussitôt cédé à la vue de Jacques pâle, défait et s'avouant, d'une voix brisée, trop inférieur à elle.

« Elle avait aimé Jacques quand, la mine heureuse et triomphante, il avait son commerce et gagnait de l'argent : elle n'allait pas le renier aujourd'hui que chacun le condamnait. »

La maman suppliait : « Qu'elle ne se laissât point dominer par le sentiment! Elle risquait trop de s'en repentir par la suite. Jacques ne lui ménagerait qu'une vie de tribulations, certains défauts s'avérant incorrigibles. »

Le papa suppliait de son côté : « Ne comprenait-elle pas que Dieu avait voulu l'avertir avant qu'entre elle et Jacques les liens ne fussent éternels? »

Le cœur lui poignait de résister aux siens, — mais abandonner Jacques, la chose, à ses yeux, aurait été un crime...

« Une escapade... Cela avait été une

escapade... un peu grosse, sans doute... Mais tous les hommes n'étaient pas comme papa Abraham! Si Dieu avait désapprouvé leur union, lui-même eût effacé Jacques de son cœur : au contraire, l'affection qu'elle lui portait croissait, croissait de jour en jour et c'était le signe manifeste que Dieu bénissait son amour. »

Abraham et Déborah baissèrent la tête. Ce mari, ils l'avaient choisi pour leur fille, ils l'avaient désigné à son affection : ils ne pouvaient pourtant pas exiger que cette affection s'évanouît par ordre et pour la simple raison qu'ils en auguraient comme ils faisaient. Ils baissèrent la tête, mais ne pardonnèrent pas et, mûs par le souci de protéger Judith contre le monstre qu'ils voyaient désormais dans ce fiancé, ils prétendirent que le jeune ménage s'installât et vécût sous leur toit.

Cette solution-là était la pire. On ne tolère pas que sa fille épouse un homme que l'on considère comme un méchant et l'on n'oblige pas — pour comble — on n'oblige pas cette fille, une fois mariée, à habiter chez ses parents en lui donnant à entendre que l'on tient son mari pour un monstre. Cependant, pauvres psychologues, Abraham et Déborah n'en démordirent point, de sorte qu'à nouveau arriva ce qui fatalement devait arriver.

Jacques n'était nullement le coupable endurci qu'imaginaient Abraham et Déborah. Jacques était un artiste d'esprit versatile, ambitieux, jouisseur, ardemment désireux de tout ce qu'il n'avait pas. Caractère faible, il se montrait incapable de persévérer par ses seuls moyens dans les sages résolutions qu'il prenait. Avec des œillères qui lui eussent impitoyablement fermé les trop vastes horizons et avec l'aide d'une volonté étrangère qui eût veillé à ce qu'il travaillât, il aurait peut-être réussi à se ressaisir, à rouvrir son magasin, à prospérer derechef, à oublier et à faire oublier son vilain passé. Livré à lui-même, chez ces beaux-parents timorés à l'extrême et qui le regardaient, épouvantés, comme on regarde un criminel, ce fut le contraire qui se produisit. Il ne travaillait que dans la stricte mesure où l'y contraignaient ses besoins personnels.

Puis, sous le coup des reproches, de s'éloigner pour revenir ensuite pire qu'il n'était.

Judith souffrait. Ah! comme elle souffrait! Certes, les absences et la paresse de Jacques l'affligeaient. Pourtant, combien plus l'affligeaient le chagrin de ses parents, leur indignation, le malaise qu'elle sentait s'appesantir sur l'intérieur jadis si heureux; le charme était désormais rompu. Adieu les tranquilles réunions le soir sur la large terrasse de la maisonnette! Adieu les chères invitations ! Tantes et cousines n'osaient plus emmener Judith à la promenade, aux spectacles, ni même venir la visiter. Tout était changé autour d'elle. A tous les quatre, l'existence était à présent un cauchemar. Pour Judith, les heures s'écoulaient, lentes et silencieuses, dans l'inquiète attente et en même temps dans l'effroi d'un pas qu'elle aimait et redoutait à la fois.

Il se rencontrait des matins où Judith se levait encore l'âme épanouie, en se persuadant que c'en était fini de son mal. Dieu sait pourquoi le bonheur, dès qu'il vous visite, vous semble acquis à jamais et pourquoi, aussitôt que vous souffrez, vous croyez que votre souffrance est purement passagère. Judith essayait par moments de réagir, mais la muette douleur des siens la rejetait à sa sombre navrance.

Judith se produisait l'effet d'un oiseau auquel on a coupé les ailes pour l'apprivoiser et l'emprisonner et qui, après des tentatives inouïes pour reprendre son vol, retombe, à quelques centimètres du sol, épuisé et étourdi. Elle ne récriminait d'ailleurs pas, gardant intacte sa tranquille confiance en Dieu.

Sûrement, elle avait été trop heureuse d'abord — et « les joies et les peines, il faut que Dieu les dispense avec un peu de justice aux uns et aux autres ». Seulement, comme elle était lasse!... et comme elle était longue la peine! Que si le chagrin n'eût été que pour elle, elle se fût résignée: mais de voir souffrir père et mère à cause d'elle et sans y pouvoir aucunement remédier, cela excédait ses forces. « Qu'il lui indiquât où était le devoir », c'était tout ce qu'elle demandait à Dieu. Qu'il y eût « quelque chose à faire », elle n'en doutait pas. Toutefois, « ce quelque chose », quel était-il?

III

Dieu exauça les prières de Judith et mit fin à l'épreuve, en lui indiquant où était le devoir. Judith eut un enfant.

Alors Dieu exauça les prières de Judith et mit fin à l'épreuve en lui indiquant où était le devoir.

Judith eut un enfant.

Tandis qu'elle le portait dans ses flancs, elle ne pensait pas à l'enfant qui allait naître d'elle et ne soupçonnait pas que sa venue au monde marquerait le terme de l'épreuve : elle était lasse au point de ne plus concevoir les belles et bonnes choses qui peuvent vous échoir.

Mais sitôt que l'enfant fut né, l'immense joie! Dieu bénissait à nouveau la maison! Qui donc songerait encore aux tristesses dès qu'un autre Abraham vagissait doucement dans la chambrette? Il vagissait, Judith le nourrissait et, à chaque gorgée que le nouveau-né puisait au sein de la mère, dans le cœur de celle-ci et dans le cœur des grands-parents, c'était le même afflux d'indicible félicité. Et voilà que le paisible bonheur qui paraissait à jamais détruit se refaisait par enchantement autour du berceau du petit héritier, — car il s'agissait bien d'un héritier, d'un mâle.

« Oh ! — projetait le grand-père — oh ! avec quel entrain je travaillerai durant les loisirs que me laisse mon emploi, avec quel entrain je travaillerai nuit et jour pour lui assurer le moyen d'étudier ! » Sans nul doute, « on pousserait » le petit Abraham et l'enfant de Judith « deviendrait un savant, un rabbin ». Ainsi, avec le mélange d'égoïsme et d'altruisme qui caractérise les grands-parents, Abraham et Déborah se proposaient déjà d'accaparer pour leur satisfaction exclusive le fils de leur fille.

Que l'enfant avait un père et que ce père avait comme tel des droits et des devoirs à lui particuliers, ils ne s'en avisaient pas : et, de jour en jour plus humilié de cette étrange diminution de sa personne, Jacques s'habituait à être père sans aucune des obligations sur lesquelles se fondent toutes les prérogatives de la paternité.

Si Abraham ni Déborah n'apercevaient le danger, Judith, elle, le voyait clairement. Judith n'avait guère plus de vingt ans, mais combien n'avait-elle pas réfléchi depuis que la souffrance l'avait tirée des douces songeries de son adolescence! Combien n'avait-elle pas observé et médité et que de choses ne comprenait-elle pas à présent!

La situation, pour elle, était fausse et elle risquait de le devenir pour l'enfant. Il n'était ni juste ni naturel que, jeunes et robustes, elle et son mari vécussent aux dépens des grands-parents âgés et fatigués. Non, il n'était pas juste que le mari fût exempté de toute charge vis-à-vis de sa famille. Non, telle n'était pas la volonté de Dieu, et c'était d'avoir enfreint la loi divine qui lui avait valu une si lourde épreuve. L'infraction, il importait qu'elle cessât : il importait que tout rentrât dans l'ordre naturel. Les grands-parents retourneraient à leur tranquille existence antérieure ; il appartenait à Jacques de se démener pour sa femme et pour son fils; et si Jacques se dérobait au devoir, eh bien! c'était à elle, la mère — et non pas aux grands-parents — de subvenir aux besoins de l'enfant.

Pour atteindre le but, il fallait abandonner la paisible maison, quitter maman Déborah et papa Abraham, s'installer quelque part seule avec Jacques. « Il le fallait! » Jacques n'aimait pas le travail et il avait plus d'un tort envers elle, envers le père et la mère, mais ces derniers étaient-ils irréprochables envers lui ? D'abord, cette façon de retarder le mariage n'avait-elle pas engendré toutes les difficultés du temps de leurs fiançailles? La nécessité qu'ils lui avaient imposée, tout en le méprisant, d'habiter avec eux n'avait-elle pas ensuite encouragé son goût, trop marqué déjà, pour le « farniente » et le vagabondage? Si, seule avec lui, elle avait eu la latitude de le prendre par son bon côté (car Judith n'ignorait pas qu'il sied de traiter chacun de la manière appropriée à son tempérament), n'eût-il pas changé? En constatant que le pain quotidien de la famille dépendait de lui uniquement, Jacques ne se fût-il pas attaché à le gagner ?

Forte de ces réflexions, Judith se sépara de ses parents et se logea de son côté avec Jacques. Sur quoi, celui-ci commença à travailler comme il n'avait jamais fait de sa vie. Si bien que le ménage ne manquait de rien, car Jacques y consacrait la totalité de ses gains.

Etait-elle assez heureuse, Judith, en courant, le petit Abraham à son cou, compter avec les grands-parents le bel argent que Jacques lui apportait par poignées! Quel redoublement d'affection pour lui et quelle reconnaissance devant Dieu qui lui avait enfin montré le chemin du salut! L'univers avait à ses yeux une autre figure, l'air qu'elle respirait était plus frais et plus pur et son âme débordait à nouveau de ce complet bonheur qu'elle avait connu dans son enfance. Et un second héritier leur naquit que le père voulut appeler du nom d'un orfèvre : « Benvenuto ». Puis ils en eurent un troisième que le père voulut appeler du nom d'un peintre non moins fameux : « Giotto ».

*
* *

En tête à tête avec sa jeune femme toujours souriante et qui s'entendait à le stimuler en exaltant ses mérites et en s'appliquant de tout zon zèle à le récompenser, Jacques avait réalisé de véritables prodiges six mois durant, au terme desquels il avait été insensiblement repris par son ordinaire inquiétude qui le poussait à changer de place et de travail, par sa soif de plaisirs qui en faisait la proie facile de ses anciens amis et amies.

— Où donc est votre mari ? s'informaient malicieusement les voisines dès que l'artiste disparaissait de la maison.

— A Milan, à Turin... Tous les bijoutiers du monde se le disputent... Pas de monteur aussi habile que lui, pas un ciseleur aussi ingénieux !

— A Milan?... A Turin?... On m'avait dit qu'on l'avait rencontré à Viareggio...

— Rien d'impossible... Lorsqu'il part, je ne lui demande jamais son itinéraire... A Viareggio, il y a des bijoutiers.

— Ah?... Et... il voyage pour affaires? On m'avait dit qu'on l'avait rencontré avec une dame.

— Rien d'impossible. Il n'y a pas que des hommes dans la bijouterie... Et les bijoutiers sont couramment en rapports avec les dames. On l'aura vu avec une cliente.

Assurément, Judith n'était point dupe de sa parole : que Jacques s'absentât, elle savait trop que ce n'était point pour affaires et qu'il ne se rendait ni à Milan ni à Turin. Mais à quoi bon s'enquérir et à quoi bon prêter aux investigations? Jacques était le père de ses fils — et il est si profondément humiliant pour un fils de soupçonner les faiblesses de son père! Jacques était son mari devant Dieu et devant les hommes — et il est si profondément humiliant pour une femme de s'avouer trahie! A convenir de la trahison et à prêter aux commérages des voisines, son chagrin n'en eût-il pas été d'ailleurs plus cuisant?

Ces absences ne la laissaient pas indifférente; elle en pleurait des nuits entières. Mais, dans son cas, rien du sombre dépit de la vanité blessée à l'idée qu'une autre femme la supplante dans le cœur de son mari, rien des affreuses récriminations de la colère qui poussent à la haine, à la vengeance, à la prétention de bouleverser la société pour obtenir satisfaction de l'injustice. Le chagrin de Judith, il était strictement celui de n'être point aimée autant qu'elle l'eût désiré, de n'être pas assez belle pour régner seule dans le cœur du mari, de n'avoir pu déterminer chez Jacques la transformation qu'elle avait escomptée et de sentir ses efforts inutiles.

Cependant, les absences de Jacques se continuant, ce chagrin, peu à peu, se transforma encore. Peu à peu, l'exigeante passion de l'épouse céda le pas à l'humble dévouement de la mère et Judith s'estima satisfaite en constatant que, malgré tout, son mari l'aimait. Une mère demandet-elle à son fils autre chose que son attachement? Or, pour égoïste qu'il fût, Jacques l'aimait à sa manière, et son admiration et sa reconnaissance pour elle n'en étaient pas moins certaines.

Il l'aimait d'abord parce qu'en dépit des veilles et des fatigues elle avait le mérite de garder sa fraîcheur, ses beaux cheveux souples et soyeux, ses mouvements vifs et gracieux d'oiseau qui se joue en liberté, mais c'était sincèrement qu'il appréciait aussi chez elle l'élévation du cœur et ses vertus.

Non, Jacques n'était pas le monstre qu'imaginaient les grands-parents et du moins s'inclinait-il devant le bien qu'il ne savait pas pratiquer quant à lui. Ainsi, il se montrait réellement touché lorsque, de retour au bout de quelques semaines d'éloignement, il se voyait accueilli à bras ouverts, sans plus de reproches ni de plaintes que s'il n'eût jamais déserté son foyer. Lui qui avait l'expérience des autres femmes, il restait stupéfait et plein de respect devant la discrétion et le pardon si naturel de Judith. Le domicile réintégré, il demeurait souvent des mois auprès d'elle, travaillant avec ardeur, lui remettant scrupuleusement ce qu'il gagnait, la comblant de cadeaux, — « cadeaux étranges et peu utiles », murmurait de coutume maman Déborah. C'était tantôt une écharpe de soie pour la tête, tantôt un collier, voire un coupon de quelque étoffe au sémillant coloris et dont elle tirerait parti suivant les indications qu'il lui fournissait lui-même quant à la façon et à la garniture. Les coloris sémillants et ce style un peu bien hardi, si artistique fût-il, cela ne plaisait que médiocrement à Judith : n'empêche qu'elle s'en rapportait avec empressement aux modèles que Jacques lui dessinait, heureuse qu'il la trouvât parée à son gré et qu'il la jugeât sensible à ses attentions.

« Jacques n'était pas un mari parfait, mais il n'était pas si mauvais, et combien ne le valaient pas sous la calotte des cieux ! »

IV

> Dieu la protégeait, car, quelque lourds que fussent ses embarras et ses inquiétudes, ses bras n'étaient jamais fatigués.

Si Judith pardonnait à Jacques ses fréquentes absences, les conséquences matérielles de celles-ci subsistaient pourtant. Judith, en digne fille de sa mère, administrait à merveille son petit intérieur et, entre ses doigts, un centime avait toute sa valeur, mais avec rien on ne fait rien et trois bouches à nourrir constituaient une lourde charge.

Judith s'interdisait de contracter des dettes, mais elle n'entendait pas que ses enfants mourussent de faim, et les sommes que Jacques lui octroyait irrégulièrement ne suffisaient pas à équilibrer le budget de la famille. Les moyens d'en sortir n'étaient pas si nombreux : dès lors que Jacques ne donnait pas assez pour l'entretien du ménage, à elle de se substituer à lui. Mais comment? De métier, au juste elle n'en avait pas, — Abraham et Déborah s'étant toujours refusés à ce qu'elle fréquentât un atelier et coudoyât des jeunes filles élevées suivant des principes autres que les leurs.

Judith parla de son embarras à une dame du premier étage — une vieille dame sourde et quasi aveugle à laquelle elle allait parfois lire le journal — et la vieille dame vint à son aide.

« Voulait-elle essayer de confectionner une chemise pour son fils? N'avait-elle jamais appris à confectionner une chemise? »

Non, elle n'avait pas appris... et, « pour le dehors », elle n'avait jamais confectionné de chemises..., mais pour son père et pour son mari, si!... Et elle y mettrait une telle application!

La vieille dame lui fournit de l'étoffe et Judith essaya, et voilà que l'on eût dit que les chemises de sa fabrication portaient la marque du premier chemisier de Florence! Un locataire qui habitait comme elle, tout là-haut, au sommet de l'immeuble et qui était employé dans un palace, les vit, ces chemises, et il proposa à Judith de lui en confectionner de semblables; et après lui, tous les employés du même hôtel recoururent à elle et tous les employés des autres hôtels de la ville, car tous les domestiques se connaissent entre eux; et, au bout de quelques mois, Judith eut tant de travail que force lui fut de s'adjoindre deux gamines. Bref, le souci du pain quotidien avait disparu et l'espoir refleurissait de réaliser le rêve de papa Abraham : faire instruire les fils.

— Comment peut-on suffire à pareille besogne avec trois enfants sur les bras? s'étonnaient les voisines, non sans un brin de méchanceté.

— Trois enfants ! Hé ! les enfants donnent-ils donc tant de mal?

Evidemment, les enfants, il faut les blanchir, les laver, les peigner, les habiller : et qui donc les blanchira, les lavera, les habillera sinon la maman? Evidemment, les enfants, il faut les distraire, les mener quelquefois à la campagne, les conduire quelquefois au spectacle, si l'on ne veut pas qu'ils s'étiolent ou qu'ils s'acoquinent avec des camarades de douteuse espèce : et à qui de les accompagner et de pourvoir à leurs honnêtes divertissements sinon à la maman? Mais pour une mère, est-il bonheur comparable à celui de rendre ses enfants heureux?

Ah! la fierté de Judith quand elle se promenait avec ses petits, tous les trois bien propres et bien vêtus, et qu'au milieu d'eux elle les écoutait dans leurs impressions, leurs aspirations, leurs amitiés ! Cependant, le travail aussi lui était une joie et que de satisfactions ne lui devait-elle pas!

Elle n'en était pas restée très longtemps à la clientèle des domestiques et bientôt elle s'en tenait exclusivement à celle des maîtres : en effet, de beaux messieurs, des messieurs ayant chevaux et voiture, avaient recours à elle, et, à présent, c'était des chemises de soie qu'on lui commandait! La première fois qu'elle avait été obligée de tailler dans la soie, elle s'était trouvée un peu embarrassée, bien sûr : mais la Providence lui avait guidé la main — et chemises de coton ou chemises fines, elle y allait maintenant avec la même aisance, travaillant d'ailleurs avec plus de goût dans la soie... car si un client vous confie de la soie, c'est qu'il a confiance en vous... et une preuve de confiance, cela est toujours flatteur, n'est-ce pas?... Et en confectionnant ces belles chemises, Judith évoquait tous les bonheurs qu'elle avait eus, pensant à son père et à sa mère et à leur fidèle appui, à ses fils si bien portants, si sages, si affectueux, aux clients qui lui étaient venus l'un après l'autre et sans que seulement elle eût à les chercher. Quant à ses chagrins, elle n'y songeait pas, car « les chagrins sont le lot de chacun ». Et, en cousant, elle sassait et ressassait les circonstances qui l'avaient « poussée, poussée » le long de ses jours et quand, la nuit, elle ne dormait pas, elle en faisait des « chansons », — des chansons dans lesquelles elle se réjouissait devant Dieu des grâces dont il l'avait comblée, des chansons où elle disait à ses fils les enseignements qu'elle dégageait de son expérience, des chansons où elle concluait qu'après tout on arrive toujours à s'accommoder de la vie dès que l'on sait oublier les mauvaises heures, apprécier dans leur plénitude les avantages du moment, se persuader que l'on ne peut tout avoir ici-bas et qu'il appartient à Dieu de partager également entre les hommes la somme des plaisirs et des peines.

*
* *

Judith se trouvait heureuse de cette existence, dans laquelle l'affection de ses fils compensait tous les sacrifices : mais cette existence, Dieu, sans doute, la jugeait trop douce. Un jour, Abraham rentra de l'école avec un gros mal de tête, — un mal tel que, cette tête, il ne la soutenait plus; les yeux fixes, le regard vague, il ne parvenait pas à remuer le cou. Comme Judith le couchait, il se mit à crier. Ce ne fut qu'un cri — un cri affreux, affreux! — tout le jour et toute la nuit. Abraham avait la méningite. Suivit une semaine d'angoisse et de désespoir, durant laquelle il n'est rien que Judith n'offrît au Ciel pour qu'il lui gardât son Abraham, son fils, la lumière de sa vie... Dieu le lui laissa en effet. Pourtant, que lui laissait-il au juste? Un corps à demi inerte... Abraham guérit et recommença à manger et à dormir, mais il avait cessé de raisonner et de parler : Abraham, le premier de sa classe, l'orgueil des grands-parents, le futur rabbin, Abraham était retourné à la toute petite enfance. Judith n'eut pas une plainte : son Abraham était sauvé, elle raisonnerait et parlerait pour lui, elle pouvait encore l'entourer de sa tendresse et être aimée de lui, elle pouvait encore le rendre heureux, — car si l'intelligence était morte chez son fils, Dieu avait préservé en lui le cœur, un cœur d'or, un cœur dont les yeux de « l'innocent » disaient l'émouvante reconnaissance. Et « son innocent », Judith le pressait sur son sein et il avait sa prédilection, car il avait un besoin particulier de sa vigilance maternelle. Peu à peu, elle lui renseigna à marcher, à s'habiller, à manger, à gesticuler, à prononcer quelques mots, de telle sorte que personne, de prime abord, ne s'avisait de son infirmité et que lui-même ne la soupçonnait pas. Au vrai, il paraissait toujours heureux, — beaucoup plus heureux que Giotto, lequel, s'il était sain d'esprit, était toujours inquiet, toujours mécontent de tout et de tous. Ah! la tâche exigeait du temps et de la patience : eh bien! du temps et de la patience, Judith en avait!

*
* *

Les jours s'écoulaient et Giotto et Benvenuto grandissaient, robustes, sages, respectueux du père (ce à quoi Judith tenait fort), vouant à la mère une affection telle qu'aucune mère n'eût pu la souhaiter plus vive, assez laborieux enfin pour justifier et au delà les espérances des grands-parents. Les résultats que les deux garçonnets obtenaient en classe remplissaient de bonheur l'humble foyer. Là, dans un angle de la pièce où ils travaillaient, un beau coffret, qui était l'œuvre de Jacques, enfermait tous les glorieux témoignages rapportés de l'école : le dernier certificat délivré à Abraham avant qu'il ne tombât malade, les diplômes de Giotto et de Benvenuto et également les livrets qui enregistraient leurs progrès. Ces livrets, quelle joie pour Judith! Chaque mois, elle allait elle-même les rendre au directeur... « Pour se renseigner », disait-elle : en réalité, pour s'entendre répéter — tant il est agréable de s'entendre répéter les bonnes choses! — que ses fils étaient « des écoliers modèles ». Elle faisait toilette pour se présenter chez le directeur, et le directeur, qui n'était point dupe du naïf artifice, à l'éloge des fils joignait ses compliments à l'adresse de la mère qui les élevait si bien.

Au sortir de ces visites, il semblait à Judith qu'elle fût ivre. Pressée de leur marquer son contentement, elle ménageait toujours à ses enfants quelque modeste surprise du genre de celles que lui réservait jadis papa Abraham : c'était tantôt une cravate, tantôt un foulard, tantôt une friandise, parfois une chanson qu'elle composait le long du chemin. De retour à la maison, elle la reproduisait, sa chanson, en trois exemplaires : un exemplaire pour Giotto, un pour Benvenuto, un pour Abraham, qui, lui aussi, faisait ce qu'il pouvait, le pauvre! Puis, elle plaçait sous la serviette de chacun l'exemplaire qui lui revenait et guettait l'instant où — avec les « oh! », les « ah! » — commençaient les tendres remerciements de son petit monde.

*
* *

Judith était réellement une mère heureuse. Grand-père Abraham et grand'mère Déborah le reconnaissaient, oubliant dans leur fierté jusqu'aux torts de Jacques. Jacques n'était pas le modèle du galant homme, soit : néanmoins, pour avoir des fils comme ceux-là, il valait bien, ils en convenaient, de se résigner à une existence aussi tourmentée que celle de Judith. Qu'elle travaillait, hé! oui, ils avaient fini par le savoir : toutefois, aujourd'hui, ils avaient compris que point n'était besoin de lui en parler ni de déblatérer contre Jacques, et ils s'en abstenaient, se bornant à l'assister dans la mesure de leurs moyens. Mais ils étaient vieux maintenant. Il n'y avait que quelques années qu'Abraham avait eu sa méningite lorsque, l'un et l'autre, ils moururent paisiblement, à une semaine d'intervalle, dans la maison à la large terrasse, dans la maison qui avait abrité tout leur bonheur.

Jacques, peu d'années après, tomba malade à son tour. Comment? C'est un point qui ne fut jamais exactement éclairci. Un inconnu l'avait déposé à l'hôpital. Avisée, sa femme l'avait fait transporter à domicile : « Non, son mari, le père de ses fils, ne mourrait pas à l'hôpital comme un étranger ».

Elle n'avait jamais contracté de dettes pour les enfants, il fallut en contracter pour Jacques. Tous les soins furent d'ailleurs inutiles et Judith resta seule à assumer la charge de la famille... quand ses deux derniers entraient à peine à l'école professionnelle... et il y avait Abraham...

Jacques, de son vivant, ne s'était pas beaucoup soucié des siens; cependant, il n'était pas sans mettre, par moments, quelque chose dans le ménage ; or, dans un ménage aussi serré, ce quelque chose avait son prix. De même ce qu'y avaient d'abord mis papa Abraham et maman Déborah. Tandis que, désormais, Judith était seule, absolument seule à penser à tout.

Il est vrai que le rabbin l'aidait en lui assurant le montant des droits scolaires et en partie celui de son loyer et que la vieille dame du premier, outre qu'elle la gratifiait de certains vêtements déjà portés par ses petits-fils, lui procurait régulièrement de nouvelle besogne : mais trois garçons à élever, cela coûte si cher!

Judith dut vendre un à un « les bijoux » qui dataient de son mariage et sacrifier le peu d'argenterie dont Jacques lui avait fait cadeau. Pour nourrir ses enfants, elle dut souvent engager jusqu'à ses draps — et, les draps ne suffisant pas toujours, il arriva plus d'un soir qu'elle n'eut rien à leur donner pour rassasier leur faim. Dans ce cas, elle les réunissait autour d'elle, entreprenait de leur raconter des merveilles sur tout ce que la vie leur réservait et finissait par les persuader d'adresser à Dieu un fervent appel que les petits, pour anxieux qu'ils fussent, murmuraient de confiance, entraînés par la foi de leur maman. Cet appel, il demeurait très rarement sans effet — et souvent la prière était à peine achevée que quelqu'un heurtait à l'huis. C'était le domestique de quelque opulente famille juive à laquelle Judith avait fourni les chemises pour « le daminian » (1) et qui lui envoyait les reliefs du repas. Au milieu des préparatifs et des tracas de la journée, ses clients n'avaient pas songé que l'argent que Judith attendait d'eux était destiné à payer le boulanger ou le propriétaire. La fête à peine terminée, ils s'empressaient de réparer l'oubli en lui envoyant galettes, salaisons, viandes fumées — et voilà des provisions pour une semaine entière. Et s'il ne s'agissait pas expressément ici de l'intervention de Dieu lui accordant le secours imploré, c'était bien sa foi et sa précieuse sérénité qui, au

(1) Chez les Juifs, « le daminian » est l'initiation religieuse du garçon atteignant ses treize ans; celui-ci reçoit un trousseau pour la circonstance, et la fête familiale se célèbre à peu près comme celle qu'entraîne un mariage.

sein des pires difficultés, lui assuraient la sympathie de tous.

Au surplus, Judith avait raison : Dieu la protégeait, car, quelque lourds que fussent les embarras et les inquiétudes qui s'accumulaient sur sa tête depuis si longtemps, ses bras n'étaient jamais fatigués. Son travail lui permettait donc de continuer à « pousser » ses enfants et c'était là son suprême orgueil. Le rêve de papa Abraham avait été que ses petits-fils obtinssent un diplôme et, pour elle aussi, c'eût été un immense chagrin qu'ils dussent y renoncer. Ils étudiaient avec une si belle ardeur! En eux, le cœur était si bon! Ils se montraient si reconnaissants!

...Benvenuto n'avait-il pas appris à coudre à la machine pour aider sa mère? Parfaitement! — et, dès qu'il avait une minute de loisir, il cousait, lui aussi, et ses coutures étaient si droites qu'une chemisière en aurait été jalouse. Sur quoi, Judith s'extasiait et bénissait le Ciel de lui avoir donné de tels enfants, pour lesquels il n'était vraiment rien qu'elle pût considérer comme un sacrifice.

V

Il eut toujours voulu avoir dans ses mains les mains de la maman, dans ses yeux les yeux de la maman.

Benvenuto eut son diplôme de comptable et trouva un emploi avantageux. Il gagnait deux cents lires mensuellement et, en ce temps-là, deux cents lires constituaient une somme appréciable. Judith n'avait jamais imaginé aucun de ses fils gagnant autant.

Elle ne cessait cependant pas de travailler et l'argent que Benvenuto lui remettait à la fin de chaque mois était par elle placé à la Caisse d'épargne, où elle avait pris un livret à son nom à lui en prévision du moment où il se marierait. Nul doute, en effet, que Benvenuto ne se mariât et qu'à son tour il n'eût des fils, et Judith vivait par anticipation l'heure où elle serait grand'mère et où elle entendrait autour d'elle le babil de ses petits-enfants.

Hélas! Dieu en avait disposé autrement. Un jour, Benvenuto rentra de son bureau en toussant.

— Qu'as-tu?

— Rien, maman... Je tousse un peu... Ça passera...

— Hé! cette toux ne me plaît pas : allons voir le médecin.

— Inutile, maman... Ça passera.

Mais non, la consultation n'était pas inutile : la toux persistait et le médecin, constatant que Benvenuto avait quelque chose « au sommet », jugea que le jeune homme était malade, très malade.

— Qu'est-ce que « le sommet »?

— C'est la région du haut du poumon. Quand on ne respire pas largement, l'air n'y pénètre qu'avec peine. Dans un bureau, où l'on n'éprouve pas le besoin de respirer largement, « les sommets » s'aèrent difficilement et alors ils sont vite atteints... et, dès qu'ils sont atteints, le bureau, il faut le quitter et partir aussitôt pour la montagne, pour la mer... respirer à pleins poumons l'air pur.

« La montagne? La mer? » Oh! les pauvres économies réalisées sou à sou!...

— L'argent, cela se retrouve avec la santé... La santé est le bien le plus précieux... Benvenuto, pars, pars tout de suite. N'épargnons rien pour que ces sommets aient ce qui leur manque. Le médecin dit juste : dans un bureau, les sommets ne respirent pas.

...L'accompagner? Ce n'était pas possible. Qui aurait travaillé pour Giotto et pour Abraham? Giotto devait poursuivre ses études... et Abraham, comment le laisser?...

— Seul? Partir seul? Non, maman... J'attendrai plutôt la mort ici, auprès de toi.

— Non, Benvenuto, non! Tu partiras et tu guériras. Et puis, nous resterons ensemble, toujours, toujours... jusqu'à ce que je meure d'abord, moi qui suis ta mère... Pars, pars.

Et Benvenuto alla à la mer, alla à la montagne... et les économies réalisées « pour le moment où il se marierait » fondirent comme neige au soleil et celles de la maman et celles de Giotto aussi... et « les sommets » ne guérissaient pas... Ils s'obstinent tellement, ces sommets, dès que le catarrhe commence à les ravager... Pourtant, plus encore que de son mal, Benvenuto souffrait de l'isolement et il voulut mourir au nid, sous l'aile maternelle.

Ah! l'affreux, le terrible déchirement! A combien de reprises Judith n'offrit-elle pas à Dieu sa vie contre la vie de Benvenuto, comme autrefois elle l'avait offerte pour sauver Abraham! Mais Dieu ne pouvait pas exaucer sa prière. Jusque dans son ciel les Benvenuto sont trop rares et Dieu ne pouvait pas se priver de celui de Judith.

Benvenuto était de mal en pis. Il ne se résignait pas à ce que sa maman le quittât un instant. Il ne se résignait pas à ce qu'elle le quittât, ne fût-ce que le temps de lui préparer ses médicaments.

« Maman, suppliait-il, ne t'éloigne pas! Il n'y a pas de glace, il n'y a pas d'oxygène pour me rafraîchir comme ta main, maman !... Pas de potion pour me soulager comme ta voix, maman!... Tant que tu es près de moi, maman, tant que je vois ton visage tranquille, je ne crains pas que la mort m'arrache à toi... Dès que tu t'écartes, un poids m'étouffe... le poids de tout ce que l'existence aurait pu être pour moi, le poids de tout ce que j'aurais pu faire pour toi!... Maman, ne t'éloigne pas, ne t'éloigne pas!... »

Alors, Judith ne bougea plus du chevet de son enfant, gardant auprès de lui ce visage dont la sereine confiance le réconfortait si bien. Au début, elle avait continué de coudre, assise à côté de lui, ne s'employant d'ailleurs qu'à des ouvrages de grosse espèce et qui, sans absorber son attention, lui rapportaient encore quelque argent. Cependant, cela même devint pénible à Benvenuto à mesure que son état s'aggrava : « Il eût toujours voulu avoir dans ses mains les mains de la maman, dans ses yeux les yeux de la maman ».

Benvenuto s'étonnait à mi-voix, comme en se parlant à lui-même, qu'elle ne le sentît pas, mais la mère le sentit et ses mains n'abandonnèrent plus celles de Benvenuto. Abraham — dont le cœur était resté intact — Abraham apprit à allumer le feu, à manipuler les cataplasmes, à préparer les potages, pour laisser la mère toujours près de Benvenuto.

Et Giotto, sans en rien dire, avait fermé ses livres et s'était procuré un emploi pour subvenir aux besoins de son frère. « Ne vous souciez pas de la dépense, avait-il recommandé. Le nécessaire, je le fournirai. »

Aucune dépense ne fut en effet épargnée, aucune des ordonnances du médecin ne fut négligée... mais Benvenuto mourut : il mourut tout près de sa maman, les mains de celle-ci dans ses mains à lui qui semblait vouloir les enserrer à jamais, dans l'oreille la voix de la maman... cette voix qui le berçait dans une douce rêverie à la minute même qu'il expirait.

Comme le corps quittait la maison, les voisines, escomptant le savoureux spectacle d'une douleur désordonnée, d'une douleur théâtrale, montèrent chez Judith.

Elles s'empressaient de lui apporter « leurs condoléances », lesquelles n'étaient au juste qu'une suite d'imprécations contre Dieu qui donnait la vie pour la retirer bientôt, de lamentations sur les fatales et inutiles souffrances des mères, de passionnés appels à l'action dissolvante et bienfaisante du temps, de furieuses incitations à se révolter contre Dieu qui lui enlevait son fils au moment où celui-ci commençait à l'aider.

Et les voisines — qui, connaissant Judith de longue date, savaient son amour et son inépuisable dévouement pour ses enfants — les voisines demeurèrent stupides en la trouvant absolument digne, décemment coiffée, la parole tranquille, dans le petit logement en bon ordre, au milieu des meubles dont l'irréprochable propreté témoignait du soin qui continuait de présider à leur entretien : elles ne comprenaient pas, ces femmes, elles ne comprenaient pas une douleur simple, libre de remords, supérieure aux lamentations et à toutes les simagrées.

Ainsi, « ces condoléances » n'agréaient guère à Judith, qui n'en percevait pas le sens. « Maudire Dieu? Maudire Dieu à qui elle devait l'immense consolation d'avoir eu un fils tel que Benvenuto? Dieu le lui avait enlevé : elle ne le remerciait pas moins dans la plénitude de son âme de le lui avoir d'abord donné... Benvenuto commençait à peine de gagner son pain? Hé! elle ne s'était pas appliquée à assurer à ses fils le moyen de s'instruire pour qu'ils gagnassent de l'argent, mais pour qu'ils fussent heureux... et ils avaient étudié avec tant d'entrain! Qu'avait-elle dès lors à regretter?... Le temps? Entre le temps et son chagrin, quel rapport? Elle ne souhaitait nullement que le temps atténuât son chagrin : son chagrin venait de son souvenir... et le souvenir, c'était tout son fils en personne, tout son fils ressuscitant en elle... » Non, bien qu'elle ne s'arrachât point les cheveux, elle ne voulait pas l'oublier, son Benvenuto. Elle ne l'oubliait pas un instant. Elle conversait avec lui, le consultant sans cesse.

C'est avec Benvenuto que, dès qu'il avait eu ses treize ans, elle tenait conseil chaque jour. Pour elle, quelle fête que le « Daminian » de Benvento! Si elle avait du tôt apprendre à se conduire par elle-même, Judith n'avait jamais agi très volontiers de sa seule initiative. Jusque dans le cas où elle s'en pouvait passer, il lui plaisait si fort de consulter autrui ! Bien plus avec Benvenuto ! Benvenuto s'intéressait de près à tout ce qui l'occupait, à ses nouveaux clients, voire à la façon des chemises qu'on venait de lui commander.

Oh ! il lui arrivait également de consulter Giotto et lui non plus ne se dérobait pas et il était, lui aussi, de bon conseil. Mais avec Giotto, la maman se sentait un tantinet gênée. Giotto était si sérieux et considérait le monde avec des yeux tellement autres ! Giotto ne ressemblait ni à elle ni à Benvenuto. Benvenuto étudiait assidûment et au bureau il remplissait sa tâche en conscience : pourtant, sa journée terminée, il ne se refusait pas les modestes diversions à sa portée. Il s'était inscrit parmi les membres d'une petite société dont il hantait les réunions pour rencontrer des camarades, déclamer, danser à l'occasion, et dans laquelle il emmenait parfois la maman. Car Judith aimait à se trouver au milieu des jeunes gens, heureuse de voir autour d'elle de joyeuses figures, de coudoyer les amis de Benvenuto, d'ouïr ici l'éloge de son fils. Parfois aussi, Benvenuto allait au spectacle — au théâtre populaire, s'entend — et y conduisait la maman, qui s'y amusait tant qu'on parlait de la soirée pendant des mois.

Avec Giotto, rien de ce genre. Ses cours et la maison, la maison et ses cours : il ne sortait pas de là. Libre, il travaillait pour son compte ou il dessinait ou il attaquait sa flûte. Des amis personnels, il n'en avait pas et, se complaisant dans sa solitude, il ne se souciait pas de fréquenter ceux de Benvenuto. Quant au théâtre, il n'y mettait jamais les pieds : le théâtre populaire ne l'intéressait pas et l'accès de l'Opéra était interdit à sa bourse.

Oui, la maman se sentait un peu gênée avec Giotto, dont elle craignait vaguement les conseils. Entre elle et lui, la dissemblance était trop marquée. Excellents en principe, les conseils de Giotto ne correspondaient pas assez étroitement à sa nature à elle. Tandis que Benvenuto était comme un double d'elle-même, plein de douceur et de confiance jusque dans la maladie... Benvenuto n'était plus là, mais elle n'ignorait pas quel eût été son avis dans telle ou telle circonstance et elle s'en référait à lui et non pas aux autres. Puis, à l'interroger sans cesse, à réserver sa place à table, à évoquer son souvenir avec un chacun, elle le maintenait vivant près d'elle, en elle et dans l'entourage.

Benvenuto ne voulait pas voir pleurer sa maman, et Judith — qui s'était toujours gardée des larmes à son chevet, alors qu'en assistant à son agonie elle souffrait beaucoup plus qu'aujourd'hui à le savoir entre les mains de Dieu — Judith ne pleurait pas.

Au demeurant, il était de son devoir de penser à Giotto et de le distraire : la jeunesse a besoin de mouvement et de gaieté et Giotto paraissait continûment mélancolique. Giotto qui était si bon! Quelle attention ne méritait-il pas! Giotto qui avait un moment interrompu ses études (oui, la maman avait été informée qu'il avait interrompu ses études) pour que Benvenuto ne manquât de rien... A présent, à elle de travailler pour que Giotto pût rouvrir ses livres — et elle se réattela à la tâche avec ardeur.

VI

La guerre serait dure, mais comment Dieu qui mesurait à quel point Giotto leur était indispensable le leur aurait-il enlevé?

Les années passèrent, on s'acquitta quasi complètement de ses dettes et Giotto, qui avait recommencé à étudier, allait obtenir à son tour son diplôme de comptable, quand, au printemps 1915, la guerre éclata, appelant toute la jeunesse sous les armes.

« C'est une infamie ! ressassaient les voisines. C'est une infamie ! Un tel reste qui a père et mère, chevaux et voiture, et tel autre encore... Et Giotto, unique soutien de femme veuve, part, au risque de revenir estropié... et Dieu veuille qu'il en sorte vivant ! »

Giotto se montrait grandement inquiet

à l'idée de laisser la maman seule et c'était elle qui le réconfortait. « Le devoir est le devoir. J'ignore comment s'y prennent ceux qui trouvent le moyen de rester. Dès qu'on est appelé, il faut partir, répétait-elle. Quant aux dangers... La guerre est une affreuse chose et Giotto souffrirait, mais il ne mourrait pas. Elle savait, elle, qu'il ne mourrait pas. Dieu lui avait ravi Benvenuto pour concentrer sa protection sur Giotto et Giotto ne perdrait pas un cheveu. Comment Dieu, qui mesurait à quel point Giotto leur était indispensable à Abraham et à elle-même, le leur aurait-il enlevé et les eût-il abandonnés sur terre ? » Si bien qu'en dépit de son peu de confiance personnelle, Giotto s'embarqua rassuré par la confiance de sa mère.

Il écrivait du fond de sa tranchée, disant la dure existence que l'on y menait, le froid, les nuits sans sommeil, les privations de toutes sortes. Alors, quelque difficile que l'existence fût devenue à l'arrière également, la maman lui envoyait des gants chauds et des chaussettes de laine et partageait avec lui ses maigres victuailles et jusqu'à son pain. Elle demeurait d'ailleurs aussi vaillante. « Certes, Giotto souffrait et il lui appartenait à elle de faire le possible pour lui alléger le fardeau. Il souffrait, soit. Mais mourir... »

Il ne mourrait pas : Dieu ne lui prendrait pas ce fils unique... Unique ? Non pas précisément, puisqu'elle avait Abraham, — Abraham si affectueux ! Toutefois, Dieu savait qu'Abraham n'était plus qu'un petit enfant.

Au bout d'une année de campagne, Giotto fut affecté à la défense des côtes. Le bonheur de Judith, ce jour-là ! A quelle inspiration le général avait-il obéi en déplaçant Giotto ? D'évidence, Giotto était un habile homme et qui s'entendait à exécuter les signaux, à établir les calculs, à rédiger les rapports : mais des camarades dans les tranchées étaient aussi compétents que lui. Si le général avait désigné Giotto et non pas un autre, c'est que Dieu avait inspiré le général : Dieu protégeait son fils.

Et que de chansons Judith ne composa-t-elle pas à la gloire de ce Dieu dont la bonté avait écarté Giotto du danger ! De vrai, Judith ne concevait pas comment on pouvait ne pas croire en Dieu et n'avoir pas en lui l'absolue confiance qu'elle avait. La vie lui était plus légère depuis que Giotto était employé à la défense des côtes..., car, pour si tranquille qu'elle eût été jusqu'ici, elle l'était désormais bien davantage.

La guerre pesait lourdement aussi sur les populations de l'arrière et le régime des cartes et la nécessité de stationner à l'entrée des magasins étaient fort pénibles pour les braves gens obligés de gagner leur vie au jour le jour. Mais tous ces ennuis, Judith, prenant allégrement son parti des inévitables corvées, les mettait en chansons (comme elle appelait les vers) : en chansons sur les queues qui s'allongeaient à la porte des fournisseurs, en chansons à l'adresse des autorités sur les mille entraves imposées aux malheureux administrés, en chansons à l'adresse du boulanger, lequel était d'une fameuse insolence depuis l'institution des tickets.

Ainsi :

Il fornaio ch'è sicuro
Di non perdere il cliente
Continua a tener duro
In barba della gente.
Se volete mangiare
Il comodo mio dovete fare.
E si gingilla e parla
Degli affari suoi
Poi si ricorda alfine
Che ci siamo noi
Ci tratta arrogante
Come assassini
Eppur siam gente
Che gli porta quattrini (1).

Ces chansons, elle les disait, en faisant la queue, au milieu des acheteurs avec

(1) « Le boulanger, qui est sûr
De ne pas perdre le client,
Tient ferme à la barbe de gens.
Si vous voulez manger,
Que votre figure me plaise !
Et il baguenaude
Et il parle de ses affaires
Jusqu'à ce qu'il daigne se rappeler
Que nous aussi nous existons.
Arrogant, il nous traite
Comme il ferait des assassins,
Nous qui, cependant,
Lui apportons notre monnaie. »

lesquels elle s'était liée (pendant la guerre, tout le monde cousinait peu ou prou à la porte des fournisseurs). Et donc, en volant de bouche en bouche, « la chanson du boulanger » arriva aux oreilles du boulanger lui-même. Celui-ci s'en amusa et avisa gracieusement Judith qu'il lui réserverait chaque soir son pain du lendemain et qu'elle pourrait l'avoir à l'heure qui lui agréerait; et, depuis la chanson, il lui prodiguait les égards et il lui demandait des nouvelles de ses fils et, dans la rue, il lui tirait son chapeau.

N'était-il pas clair pour les incrédules que Dieu veillait sur elle? « Aide-toi, le Ciel t'aidera. » Ne vous tournez pas les pouces. L'existence, c'est comme le chat: si vous voulez faire bon ménage avec votre chat, caressez-le en lui lissant le poil; si vous voulez que l'existence la plus dure devienne supportable, maniez-la par son bon côté. Judith était contente, plus contente que si elle eût gagné à la loterie, lorsque le boulanger la saluait poliment et lui remettait son pain à première réquisition — et elle le mangeait avec appétit, ce pain que sa chanson avait un peu payé et auquel sa vaillance ajoutait une saveur particulière.

Une année, deux ans... et la guerre ne finissait pas. Giotto avait subi des examens, il avait été promu sergent et il gagnait de l'argent dont il expédiait une partie à la maison. Tout l'argent que Giotto lui adressait, la maman le plaçait à la Caisse d'épargne pour que Giotto le trouvât à son retour.

Judith et Abraham s'imposaient la plus scrupuleuse économie. On s'était abstenu de rallumer le feu depuis le départ de Giotto et le froid était vif. « Eh bien! on aura chaud cet été », disait Judith. Toutefois, et nonobstant sa philosophie, elle prit une pneumonie.

Elle était seule, seule avec Abraham, quand, secouée d'un terrible frisson, elle dut se jeter sur son lit. Abraham fit chauffer un couvercle de marmite, enveloppa la maman dans une couverture, dans un châle. Mais elle était glacée... Bientôt, elle eut une fièvre de cheval et perdit la notion de ce qui se passait autour d'elle. Abraham courut, affolé, chez les voisins, auxquels il expliqua de son mieux que sa maman était malade. Ceux-ci quérirent le médecin et prévinrent deux gendarmes pour que, devant cette pitoyable situation, une permission fût accordée au fils sous les drapeaux.

Sans que Judith en sût rien, les deux gendarmes informèrent qui de droit — et Giotto arriva. Il arriva chargé de cadeaux: un pardessus gris foncé pour Abraham, un superbe manteau pour la maman. Un vêtement très chaud, tout ouaté à l'intérieur et qui ressemblait à une pelisse !... Ah ! Judith se réjouit-elle assez de la visite de Giotto et comme elle se félicitait de son manteau! « Une dame, une vraie dame, l'aurait exhibé... Papa Abraham et maman Déborah auraient-ils été fiers de la voir au bras de Giotto avec ce manteau-là!... Pas de doute que le Ciel ne lui eût envoyé cette maladie pour qu'il lui fût loisible d'embrasser son fils, de comprendre combien il l'aimait et de constater de ses yeux à quel point Dieu protégeait son Giotto. »

En effet, Giotto était aujourd'hui plus grand et plus robuste, il avait forci et le plein air avait bronzé son teint. Quelle mère privilégiée! Ah! Dieu pouvait la rappeler à lui : elle était prête, convaincue maintenant que Giotto ne négligerait pas Abraham... puisque Abraham avait eu son manteau, lui aussi, — un manteau qui, s'il était moins luxueux que le sien, bien sûr, attestait quand même l'affection de son frère. Elle était prête à rejoindre son Benvenuto... Si pourtant Dieu voulait la laisser encore quelque temps sur terre! La terre est si belle quand on a des enfants de la qualité de Giotto... et d'Abraham!...

VII

Les fiançailles du fils marquent un moment tragique dans l'existence de toutes les mères.

Giotto, en arrivant à la maison, avait trouvé le logement envahi par les voisins; il y avait aussi une certaine institutrice, qui demeurait au second. Institutrice, la colocataire en question ne l'était pas à vrai dire: seulement, en réalité dactylographe de son métier, elle se donnait pour institutrice et parlait de tout comme une maîtresse d'école. C'était une fille très élégante, portant bas de soie et chapeau à plumes. Elle avait offert à Giotto, à son départ, de le renseigner au jour le jour sur l'état de la malade, ce que le fils et la mère avaient accepté avec reconnaissance. Puis, lorsque Judith rétablie eut recommencé à écrire directement, « la maestrina » avait poursuivi sa correspondance quotidienne avec Giotto, et, entre eux, le ton n'avait pas tardé à devenir plus confiant, car l'intimité épistolaire était admise avec un soldat risquant la mort du matin au soir et du soir au matin.

De l'intimité, « la maestrina » passa à l'amour. Tant et si bien qu'elle réussit à joindre Giotto au fond du village quasi désert où le retenait son service et que les avions n'épargnaient pas. L'accès et la sortie en étaient rigoureusement interdits : mais, l'amour a des clefs mystérieuses pour les portes les mieux verrouillées... et de son voyage, « la maestrina » était rentrée dûment fiancée.

Le mariage, voire les fiançailles d'un fils marquent un moment tragique dans l'existence de toutes les mères. C'est l'heure où pour la première fois l'enfant s'éloigne définitivement de celle qui l'a élevé et l'on voit en certains cas cet éloignement entraîner l'oubli des sentiments qu'il lui vouait. Il y a beaucoup de chances pour qu'un garçon qui aura été un bon fils se montre bon mari et reporte sur sa femme la déférence et la tendresse dont il entourait sa mère. Cependant, le cœur d'un fils n'a pas l'ampleur du cœur maternel : il est malaisé à plusieurs affections d'y trouver place et l'une s'y substitue à une autre plutôt qu'elle ne s'y juxtapose à celle-ci. Ainsi en advint-il chez Giotto et, dès qu'il avait été fiancé, ses lettres à la maman s'étaient faites laconiques et froides... Persuadée que telle est la règle générale en ce bas monde, Judith s'y résignait, elle cherchait même à paraître partager la joie de son enfant.

Per voler star bene a questo mondo
Occore sempre aver l'animo giocondo.
Se questo non fosse che apparente
Basta perchè stia bene l'altra gente (1).

Elle avait composé ce « proverbe » en manière de consolation et elle y conformait sa conduite. Que son fils fût heureux et que sa fiancée l'aimât, elle n'en demandait pas davantage au Ciel. Outre qu'elle n'avait pas la prétention de garder Giotto

(1) « Si vous voulez être bien en ce bas monde,
Veillez à avoir toujours l'esprit joyeux.
Et si votre joie n'est d'ailleurs qu'apparente,
C'est du moins assez pour le bonheur des autres. »

dans son ombre sa vie durant, l'espoir d'être grand'mère lui souriait fort et pareillement la perspective qu'après elle une femme resterait qui prendrait soin de Giotto et d'Abraham.

Elle ne jugeait pas que « la maestrina » fût « l'Idéal ». D'autant que cette institutrice n'était qu'une institutrice de contrebande et que cela ne plaisait guère à Judith que l'on se donnât pour ce que l'on n'était pas. « Mais, vous savez, on ne peut pas exiger que les goûts des fils correspondent toujours à ceux des mères. »

« La maestrina » n'appartenait pas à la même confession que Giotto. De religion, elle n'en avait même aucune. « Mais, hélas! la religion est passée de mode », constatait Judith en son for intérieur.

Elle n'était pas de mœurs très sévères, « la maestrina ».

Elle était pour ainsi dire un peu « démonétisée ». Elle sortait la nuit aussi facilement qu'en plein midi, courant seule le théâtre et les bals, et à domicile, elle fumait comme un homme : toutes choses que, dans sa jeunesse, Judith n'avait jamais vues parmi ses coreligionnaires. « Mais, réfléchissait-elle, les temps sont changés et les femmes d'autrefois n'attirent plus les garçons de ce temps-ci... » Qu'y avait-il de si répréhensible à fréquenter le théâtre et le bal? Jadis, elle y allait bien, elle, au théâtre. Elle y allait avec ses oncles et ses tantes et comme elle s'y amusait! « La maestrina » n'avait personne pour l'y accompagner : alors, elle y allait seule. Quel mal là?... Au fond, « la maestrina » était une brave fille; et si elle portait des bas de soie, elle les payait de son travail; et si elle n'avait pas pour sa future belle-mère beaucoup d'égards, c'est qu'elle avait étudié, elle, et qu'elle était autrement instruite. Bref, Judith tâchait à aimer « la maestrina » et à lui découvrir toutes les qualités qu'elle avait... et toutes celles qu'elle n'avait pas.

De ses économies, Giotto avait cessé de rien envoyer à la maison. « Mais, vous savez, un fiancé est obligé de penser à sa promise... Un petit bijou par-ci, une écharpe par-là... et la monnaie est vite dépensée! La fiancée en premier lieu! »

Auprès d'elle-même, Judith, Jacques ne l'avait-il pas emporté sur papa Abraham et maman Déborah? « Et s'il en va de la sorte, c'est qu'il le faut et que Dieu le veut. »

Un jour, arriva une lettre de Giotto réclamant de l'argent. Non pas, assurément, de celui que gagnait la maman : de celui qu'elle avait déposé à son nom à la Caisse d'épargne.

Toute troublée à cette requête, Judith se sentit rougir : « Oh! se méfierait-elle de son fils? Quelle honte! Un fils tel que Giotto!... Si Giotto réclamait de l'argent, c'était que cet argent lui était nécessaire, et cet argent était à lui... A quelle fin entendait-elle thésauriser? Pour le cas où il tomberait malade ou bien elle? Le Ciel lui avait accordé la meilleure santé et, Dieu merci, Abraham n'avait nul besoin... L'âge, sans doute. Comme l'on devient égoïste en vieillissant ! Vilaine chose, l'égoïsme... » Et, sans formuler le moindre reproche ni le moindre regret, elle fit droit à la requête de Giotto.

Restée vaguement inquiète à la suite de

cette demande d'argent, elle s'appliquait pourtant à réagir et à se persuader que « Dieu le voulait ainsi et que dès lors tout était pour le mieux ».

Elle commençait à s'accoutumer à l'idée d'avoir « la maestrina » pour bru, quand le nouveau rabbin la convoqua. Le desservant que Judith avait toujours vu en fonctions et qui l'avait toujours aidée étant mort récemment, son successeur n'était à la synagogue que depuis quelques mois. Et le nouveau rabbin lui déclara qu'il était au courant du projet d'union entre Giotto et une jeune fille appartenant à un culte différent, que l'engagement contracté dans ces conditions était coupable et qu'elle devait absolument empêcher ce mariage, « sinon elle aurait à se séparer des conjoints, Dieu n'admettant pas qu'une croyante sincère cohabitât avec une femme d'une autre confession ».

A ces mots, qui avaient l'air d'une injonction, Judith se leva, les joues empourprées : « Moi, abandonner mon fils parce qu'il se marie hors de sa religion!... Mais jamais je ne le ferais — Si mon fils avait volé, s'il avait tué, si on l'emprisonnait, en prison je l'accompagnerais et devant les juges je le défendrais!... Moi, résister à la volonté de Dieu? Jamais! J'ai constamment obéi à la volonté de Dieu et Dieu m'a toujours protégée... Si Dieu ne veut pas ce mariage, Dieu l'empêchera, non pas moi, faible créature... Le rabbin s'inspirait du fanatisme et non pas de la religion. La religion, elle est toute dans la parole de Dieu enseignant aux hommes à s'aimer entre eux, à vivre en paix et à s'accommoder du sort qu'il leur réserve. Or, ce que le ministre du Seigneur prétendait lui imposer, c'était le ressentiment à l'endroit de son fils et la haine à l'endroit de sa future belle-fille; c'était la guerre et la douleur et la rébellion contre Dieu. »

Cette véhémence surprit le rabbin qui se tut d'abord, ne s'attachant ensuite qu'à atténuer, à persuader, à exhorter... et Judith le quitta dans les meilleurs termes, sans avoir reculé d'un pas.

Rentrée chez elle après cet éclat, elle songea à en référer à Giotto et à lui narrer l'incident par le menu : à la réflexion, elle s'en abstint. A quoi bon? Pas de lettre susceptible de ruiner dans le cœur de Giotto l'objet de son amour; ce qu'elle lui en aurait dit n'eût abouti qu'à le troubler et à l'irriter contre le rabbin. Ne savait-elle pas, ne savait-elle pas d'expérience personnelle que, devant l'amour, toutes les observations des parents demeurent impuissantes? Si elle, frêle enfant, ne s'était pas rendue aux prières de son père et de sa mère, comment espérer que Giotto se rendrait aux siennes? Inutile d'essayer... et mieux valait par conséquent s'abstenir : les gestes inutiles sont en fin de compte infailliblement dommageables.

Judith renonça donc à écrire à Giotto. Toutefois, elle restait triste, — d'une tristesse qui, sans être la même, ressemblait à celle qui avait pesé sur les premières années de son mariage. Elle se reprochait comme une faute cet état d'esprit, qui persistait néanmoins. En l'attribuant à la calamité de cette interminable guerre et à l'éloignement prolongé de son fils, elle cherchait à se raisonner : « Si tu aimes ton fils, aime ta bru... ou bien tu ne le verras jamais heureux », se répétait-elle sans parvenir à vaincre son ennui.

Les mois s'écoulèrent, les hostilités prirent fin et Giotto rentra au foyer. Arrivé à l'improviste, avant la lettre qui l'annonçait, il débarquait aussi dispos qu'au terme d'un tranquille séjour à la mer. Quelle ne fut pas l'allégresse de Judith en le retrouvant la mine florissante et quels ne furent pas les élans de sa reconnaissance vers le Ciel! Comment remercierait-elle Dieu de lui rendre son fils sain et sauf? A toutes les épreuves qu'il lui plairait de lui envoyer, elle s'empresserait de se soumettre pour lui marquer sa gratitude.

Mais lorsqu'elle rentra de la synagogue le jour du premier sabbat qui suivit le retour de Giotto, lorsqu'elle rentra de la synagogue où elle avait ainsi prié, lorsqu'elle rentra de la synagogue avec — pour fêter son soldat — un bouquet de fleurs et les fruits qu'il aimait, son fils était sorti et Abraham expliqua dans son langage enfantin que « la maestrina » avait emmené son frère.

S'absenter pareil jour et sans même prévenir! L'épreuve commençait-elle? « Oui, Seigneur, je suis prête, pour vous remercier de l'immense faveur que vous m'avez faite de le sauver, je suis prête à subir toutes les peines que vous m'imposerez », redisait mentalement Judith, le visage inondé de larmes plus douloureuses que celles que lui avait coûtées la perte de Benvenuto.

Giotto reparut à la nuit. Sans s'excuser, il constata que l'on y voyait mal avec « cette lampe à pétrole ». A présent, il était habitué à l'électricité, qui, à la simple pression du doigt sur un bouton, illumine la pièce entière : « Pourquoi n'avait-on pas installé l'électricité? » Et ces fenêtres si nues, qui béaient dans le noir, sous ce douteux éclairage! Pourquoi ces fenêtres étaient-elles si nues? Et le mobilier! Quel âge avait-il, le mobilier? Et sur la table, ce tapis râpé! Dans tout l'intérieur, quel air minable!

Judith se défendait en silence contre son

envie de pleurer. Giotto avait d'ailleurs raison. Au surplus, elle le savait dès longtemps : Giotto ne prisait pas ce qu'il avait, mais uniquement... ce qui était beau... Enfant, Giotto souffrait déjà de la désharmonie autour de lui, ayant hérité de son père des goûts délicats à l'excès pour sa condition. Antérieurement à la guerre, il consacrait ses dimanches à hanter les musées et les magasins d'antiquités. Que de choses le tentaient qu'il se désolait de ne pas posséder!... D'abord, un appartement élégant et une maman bien mise! Non point qu'il n'aimât pas ni n'appréciât sa mère telle qu'elle était. Il l'avait toujours aimée et appréciée plus, si possible, que ses frères : en premier lieu parce qu'il comprenait mieux qu'eux les sacrifices de sa mère et la beauté de les avoir faits avec une si bonne humeur; ensuite parce que, sceptique et mélancolique quant à lui, il trouvait dans la fermeté de sa foi et dans son inaltérable gaieté le réconfort dont il avait un particulier besoin. Mais son affection, précisément, le rendait exigeant et, la chérissant à sa façon, il était chagriné de la voir, du matin au soir, courbée sur sa machine... tandis qu'il l'eût voulue parée et se mouvant dans le luxueux décor de ses rêves. Il avait de même toujours apprécié comme il convenait la maison que l'on habitait, laquelle était au juste un vieil hôtel de Florence ouvrant sur une vue merveilleuse de superbes fenêtres artistement façonnées : mais entre les beaux murs de l'édifice et ces meubles vernis et péniblement disparates, le contraste le blessait. Tous ses instants à domicile, il les passait, avant son départ pour le front, à frotter, à ranger, à orner et — avec quelques estampes et quelques fanfreluches — il réussissait à introduire un semblant de joliesse dans le nid familial...

L'élégance, qu'il s'agît du logis ou bien de sa personne à elle, Judith ne s'en était oncques souciée. Ou y avait-elle un moment accordé quelque attention en remarquant l'importance que Giotto y attachait, elle n'avait pas tardé, celui-ci aux armées, à retomber dans son indifférence à ce sujet.

« Elle avait eu tort et Giotto avait raison : combien fatigués ces meubles! » De ceux qui avaient une certaine valeur, elle s'était dessaisie de nécessité : les études des fils, la maladie de Benvenuto, la guerre par surcroît...

« Renouveler les meubles et les tapis? Elle n'y avait pas pensé. Cependant, si Giotto y tenait, on le pouvait sans délai. Elle avait un peu d'argent à la Caisse d'épargne, — de l'argent que Giotto lui avait envoyé avant qu'il ne fût fiancé et pour qu'elle en usât à sa guise! Que désirait-il en fait de meubles?... Les fenêtres... Ah! oui... elle avait dans le coffre où elle gardait les trésors de la famille un modèle dessiné par Jacques pour leurs premiers rideaux... Il avait tant de goût, Jacques !...

Et Judith, bouleversant son coffre et ses caisses, finit par découvrir, en même temps que le modèle, un coupon de vieille soie. Cette soie, elle la teignit, l'apprêta, la broda : tout cela de nuit, car le jour il fallait coudre pour vivre. Pourtant, lorsque, le travail terminé, Judith, croyant ménager à Giotto une agréable surprise, plaça les rideaux, Giotto jugea que « le style en était démodé » et qu' « ils ne s'harmonisaient pas avec la pièce ».

Judith maîtrisa difficilement ses larmes.

« Il avait raison, Giotto : ils étaient démodés, ces rideaux... Comment n'avait-elle pas réfléchi qu'un dessin datant de vingt-cinq ans était rococo?... Ah! la vilaine affaire que de vieillir et que de n'avoir plus sa tête! » — et, tout en pleurant, elle riait, riait pour dissimuler ses larmes.

« Non seulement l'intérieur n'était pas avenant, mais on mangeait mal. Pourquoi n'achetait-on pas le pain chez Barbone, où il était excellent? Pourquoi jamais de volaille sur la table? »

Si Judith n'achetait pas le pain chez Barbone, le boulanger en vogue, c'était que Barbone vendait son pain avec une légère différence de prix et qu'en outre on habitait loin de ses magasins... « Elle avait eu tort d'oublier que Giotto avait un faible pour le pain de Barbone : désormais... » Elle se levait donc vite le matin pour aller quérir le pain de choix — un pain spécial pour Giotto — et, un jour, elle se permit l'acquisition d'un poulet.

Malgré tous ses efforts, Giotto n'était pas content. Souvent, il préférait le restaurant en compagnie de sa fiancée. Ou bien, tenté par le théâtre, il ne reparaissait qu'à minuit... et il se couchait sans un mot de gentillesse à l'adresse de la maman qui avait veillé pour l'attendre. Accoutumé maintenant à dormir en plein air, il suffoquait sous le plafond de l'étroit logement. Il exigeait que tout fût grand ouvert dans sa chambre : et puis il se plaignait du froid... et puis il se plaignait de la chaleur... Qu'avait-il?... Et voilà-t-il pas qu'il se refusait à sortir avec la maman, ne fût-ce que pour l'accompagner à la synagogue?...

« A quoi songeait-elle d'exhiber ces capes antédiluviennes? Elle le couvrait de ridicule avec ces robes d'un autre siècle et ces chapeaux de sa fabrication. » Et Judith, toute rougissante à la seule idée de s'y aventurer, Judith s'enhardit à pénétrer dans l'officine d'une vraie modiste, d'une modiste de la Porte Sainte-Marie : et elle choisit un beau chapeau noir (une folie!)...

et elle déballa le beau manteau « qui ressemblait à une pelisse »... Hélas! de ces efforts, Giotto ne daigna point s'apercevoir et, en rangeant chapeau et manteau au fond du coffre, Judith pleurait quasi autant qu'à la mort de Benvenuto.

Il y eut pis. Des mois durant, Giotto, qui avait d'ailleurs cessé d'exprimer aucun mécontentement, se dispensa même de manger à la maison. Il rentrait alors hérissé des pieds à la tête et, affectant d'ignorer l'existence de la maman, ne desserrait les dents que pour, de loin en loin, signifier un ordre à Abraham.

Cependant, Judith de soupirer dans ses larmes : « Mon Dieu, il est juste qu'il en soit ainsi : vous m'avez rassasiée de consolation, vous m'avez rassasiée de bonheur en me rendant mon fils sain et sauf et j'ai eu ma part... Vous m'avez retiré son cœur, son cœur qui était si généreux! De l'un de mes enfants, vous m'avez gardé le cœur; de l'autre, vous m'avez gardé l'intelligence. Que votre volonté soit faite... Quoi que vous exigiez de moi, je m'incline... et s'il faut donner ma vie, je suis prête à la donner, je suis prête à la donner dix fois..., mais l'affection de mon fils... Non, mon Dieu, non : l'affection de mon fils aussi, je vous la donne pourvu qu'il soit heureux. Mais il n'est pas heureux, Giotto! Il n'est pas heureux... Mon Dieu, frappez-moi, punissez-moi... pourvu que Giotto soit heureux. »

Judith se tourmentait comme jamais, et Abraham, lui prenant les mains, pleurait avec elle, étonné et silencieux.

Entendait-elle le pas de Giotto, elle se ressaisissait aussitôt. Car elle s'appliquait à lui cacher son affliction et — conformément à son principe que, « pour dissiper la méchante humeur chez autrui, il importe d'afficher soi-même bonne humeur et jovialité » — elle tâchait, en sa présence, à paraître en train, disposée à parler et à rire. Par malheur, la recette, ce coup, était en défaut. « Tais-toi, s'irritait Giotto, tais-toi, maman : cela ne me va pas que l'on parle et que l'on rie autour de moi » — et Judith se taisait, interloquée.

Enfin, un jour, Giotto rentra à la maison avec la figure d'un cadavre ambulant. Il se jeta, vêtu et tel quel, sur son lit et, seul dans sa chambre dont il avait condamné la porte, il se mit à sangloter, en s'arrachant les cheveux. Tandis que, dans la pièce contiguë, la maman, à ouïr ce désespoir, se désolait de son côté.

Sans prononcer une syllabe ni rien absorber, Giotto demeura un jour et une nuit ainsi allongé sur ses draps. Puis, s'étant levé, il annonça à sa mère qu'il avait rompu ses fiançailles et lui avoua que, s'il s'était conduit en fils indigne, c'était que « la maestrina » avait su le persuader que la maman contrecarrait leur mariage, que la maman dénigrait sa future bru de concert avec les colocataires, que la maman était avare, qu'elle faisait de la mauvaise cuisine, qu'elle était sotte et fausse. Tout cela, il l'avait cru ! Tout cela et tant de choses encore où s'était exercée la basse malignité de « la maestrina »!... Maintenant, si vif était son repentir qu'il se fût lacéré de ses mains... Comment avait-il pu croire cette femme?... Et depuis! Depuis, il en avait appris de terribles. « La maestrina » avait été fiancée une fois, deux fois, trois fois... et combien d'autres fois, sans doute!... Elle opérait de même avec chacun, chauffant la cervelle au garçon et lui extorquant son argent... Et il avait aimé cette femme!... Il l'avait aimée et c'était à cause d'elle qu'il s'était montré si dur!... Ah! la maman lui pardonnerait-elle jamais?

« La maman? La maman? Demander à la maman si elle pardonne?... Hé! les mamans oublient tout et tout de suite... Et puis, ce n'est pas ta faute, Giotto. Tout cela, c'est Dieu qui l'a permis pour m'éprouver... Mais Dieu n'a pas voulu que ce mariage s'accomplît. Je l'avais dit au rabbin : « Si Dieu ne veut pas ce mariage, Dieu l'empêchera... Pas moi, faible maman! » Quant à l'épreuve, Dieu la décuplât-il et en durée et en profondeur, je suis prête à l'accepter à nouveau pourvu que toi, Giotto, tu sois heureux et que tu me sois rendu tout entier... intelligence et cœur. »

VIII

> ... Chaque jour, elle évoque les bonheurs qu'elle a eus; quant à ses chagrins, elle n'y songe pas car ils sont le lot de chacun.

Et dans la vie de Judith reparurent enfin des jours de pure allégresse, des jours comparables à ceux de sa prime adolescence. A présent, Giotto ne quittait le domicile que pour s'acheminer vers son bureau et, hors de son bureau, n'avait souci que d'embellir l'intérieur, d'agrémenter les murs de vieilles estampes, de rafraîchir les tapis, de remettre les meubles en état. Comment rendre digne d'elle le nid où régnait une telle maman, — une maman qui, tandis qu'il en avait douté, lui, si affreusement, pas un instant n'avait douté de son fils?

Giotto ne pensait désormais qu'à elle et ne songeait qu'à la combler, à l'instar de son père qu'il revoyait au fond de sa mémoire apportant à la maison de magnifiques écharpes de soie. Il lui offrit même, certaine fois, un chapeau tout de velours, brillant de jais et garni d'une grande plume. D'ailleurs, il n'enchantait pas Judith, ce chapeau : la plume et le jais, va pour les jeunes... Mais elle se garda bien d'en souffler mot. Pauvre Giotto! Il avait choisi l'article le plus beau... et ce qui plaît au fils plaît à la maman.

Judith sortit, triomphante, du grand coffre, le manteau « qui ressemblait à une pelisse ». De vrai, il ne faisait pas froid : cependant, avec quel autre vêtement eût-elle arboré pareil chapeau? Pour elle, quelle joie, du reste, que de rouvrir son coffre et que d'y retrouver tant de choses amies, tant de souvenirs enfermés aux heures douloureuses! Au moindre chiffon, au moindre papier qu'elle en extrayait, elle savourait avec une force toute nouvelle sa joie présente : de même que, jadis, chaque fois qu'elle retirait Abraham de son berceau et regardait son premier né respirer dans ses bras, elle savourait, tout comme à la première minute, la joie d'être mère.

Judith était-elle heureuse! Jamais elle

n'avait été si heureuse!... Etait-elle assez fière et marchait-elle assez gravement en se rendant le samedi à la synagogue, sa frêle personne enfouie dans le manteau « qui ressemblait à une pelisse » et ses traits menus dans l'ombre du chapeau de jais, le récent cadeau de Giotto!

Giotto, pour sa part, ne se sentait pas absolument aussi content. Ces néfastes fiançailles lui avaient valu une grosse désillusion et l'aventure le laissait dans une stupeur et un dégoût qu'il n'arrivait pas à secouer. Le contact avec ses collègues lui coûtait, la rencontre de quiconque avait connu « la maestrina » lui coûtait... et la rencontre de celle-ci lui était surtout pénible. Pourtant, le moyen de l'éviter dès qu'elle et ses parents habitaient sous le même toit que lui? Il aurait voulu s'en aller, s'en aller au loin, perdre de vue tout ce qui lui rappelait le passé. Mais où et comment ? Un instituteur, un frère d'armes à lui, qui depuis la conclusion de la paix professait dans une école italienne du Brésil, lui conseilla de se préparer à l'enseignement : sitôt que Giotto aurait le diplôme exigé, cet ami — il le garantissait — le caserait là-bas.

« La maman le suivrait-elle au Brésil, si Giotto s'y assurait un emploi? »

« Si la maman le suivrait au Brésil? Quelle question! Pourquoi pas le Brésil? Florence ou le Brésil, qu'importait à Judith à la condition qu'elle eût ses enfants auprès d'elle... Qu'est-ce qui la retenait, elle, à Florence? Qu'est-ce qui la retenait sur cette terre si ce n'était son amour pour Giotto et pour Abraham? Bien entendu, on emmènerait Abraham. Qu'est-ce que Abraham serait devenu seul à Florence?... Avec Giotto et Abraham, *su su* jusqu'aux étoiles, *giù giù* au fond de la mer ! »

Giotto entreprit de conquérir les titres nécessaires et, la journée étant due à son bureau, il étudiait pendant la nuit, il se levait avant l'aube pour étudier encore... et doucement, doucement, la maman se levait de son côté pour lui servir son café chaud à point, « parce que, s'il avait dû se le préparer, il aurait jeûné jusqu'à midi », et pour lui donner sa chaufferette, « parce que, quand on étudie, on ne s'aperçoit pas du froid... et une pneumonie est vite là. »

A la fin de l'année, Giotto subissait ses examens avec un succès qui le classait en tête des concurrents venus, comme lui, du dehors. Il avisa alors son ami d'Amérique, lequel lui trouva en effet le poste cherché, — un poste fort avantageux, au milieu de la colonie italienne de Sâo-Paulo. Après quoi le départ fut décidé.

Et les voisines de susurrer : « Se transplanter au diable... à cet âge... et quand elle peut compter que celui qui a sa cervelle se mariera et que « l'innocent » lui restera sur les bras ! »

Aux discours de ce genre, Judith souriait. « Ah ! elles ne connaissaient pas ses enfants, les voisines. Elles ne connaissaient pas ses enfants ! Non, jamais, jamais son Giotto ne l'abandonnerait ! »

Judith commença donc à ranger un à un dans le vaste coffre ses objets les plus précieux : les certificats scolaires de ses fils, les diplômes, la photographie agrandie de Benvenuto, les photographies de papa Abraham et de maman Déborah, un petit portrait d'elle où Jacques s'était essayé au temps de leurs fiançailles, la photographie de la dame sourde du premier étage, qui l'avait si fidèlement aidée...

Tandis que Judith préparait l'exode, Giotto n'avait pas encore pris congé de son bureau : moins idéaliste que la maman, il se méfiait de la perfidie humaine et il ne voulait s'embarquer pour le Brésil qu'avec, en poche, un contrat en règle et dûment signé. Bien qu'il tardât à démissionner, ses collègues n'ignoraient pas ses intentions. Or, au nombre de ces derniers figurait également un collègue du genre féminin : Sarah.

Issue d'une bonne famille, Sarah avait son diplôme de comptable — en dépit de quoi elle ne posait pas au docteur, ne portait pas de bas de soie, ne fumait pas, ne fréquentait pas seule le théâtre, ne courait même pas « les dancings ». Elle aussi était israélite et elle avait eu en plusieurs circonstances l'occasion d'apercevoir Judith à la synagogue. Alors, elle s'était assez souvent permis de parler à Giotto de sa mère

— et ce, d'ailleurs, toujours dans les termes de la plus stricte déférence. Judith, de son côté, connaissait la jeune fille, de laquelle elle s'était maintes fois incidemment entretenue avec son fils. Cependant, Sarah étant venue à exprimer à Giotto ses regrets de le voir s'éloigner, voilà une politesse qui fut droit au cœur de Giotto... Bref, de l'expression des regrets, on passa à l'amitié... et de l'amitié, à l'amour... et de l'amour, à l'engagement réciproque.

Entre eux, du Brésil, il ne fut pas davantage question; intelligente et dévouée, Sarah ne se prêtait pas avec autant d'aisance que Judith aux désirs de ses semblables; et puis, que si le Brésil ne la tentait pas beaucoup, elle savait d'instinct qu'à un homme il faut se garder de dire « non »..., sauf à l'amener à dire « non » de son propre mouvement.

Donc, *motus* sur le Brésil!... mais au lieu de chanter Sâo-Paulo, Sarah chanta Florence — Florence, la cité où ils étaient nés l'un et l'autre, où tant d'affections les attachaient, où, tous les deux, ils gagnaient congrûment leur vie et où Giotto pouvait prétendre à un emploi plus rémunérateur encore depuis qu'il possédait les titres l'autorisant dans l'enseignement... En un mot, Sarah célébra la Toscane de telle sorte que Giotto « décida » de rester où il était. Aussi bien constatait-il en lui ce phénomène qu'à dater de l'heure où il avait été fiancé avec Sarah, il avait complètement oublié « la maestrina » : au point que, l'ayant frôlée dans l'escalier, il n'en avait éprouvé aucune espèce d'émotion. Dans ces conditions, et dès que c'était essentiellement pour la fuir qu'il s'exilait, l'exil perdait sa raison d'être.

Résolu à rester, Giotto décida même de demeurer fidèle à la maison qu'il avait toujours habitée et de consacrer à la transformation de son intérieur le numéraire économisé en vue du voyage auquel on renonçait : et la fiancée applaudit... et la maman applaudit...

Giotto avait vraiment la passion des belles choses, des choses artistiques. Les femmes en herbe se demandent déjà, en jouant à la poupée, comment elles élèveront et costumeront leurs enfants : Giotto, lui, n'avait oncques cessé de se demander comment il aménagerait son foyer et, aujourd'hui que « le devoir » lui incombait d'y aviser, il y prenait le plaisir que l'on trouve à réaliser son rêve.

Poussé par sa préférence pour les meubles anciens, vastes et massifs, dont la solidité et les lignes simples s'harmoniseraient avec celles du palais séculaire qui l'abritait, il fouilla tous les magasins d'antiquités. C'est ainsi qu'il dénicha une grande armoire dont le magnifique bois sculpté disparaissait sous une épaisse couche de poussière et que le marchand, mal informé de son exacte valeur, céda à un prix décent. Cette armoire, l'acquéreur la nettoya, l'astiqua et en tendit le dedans de bonne toile, la restaurant si heureusement qu'au sortir de l'opération elle était méconnaissable. Chez un autre antiquaire, Giotto découvrit un de ces bahuts où nos aïeules rangeaient leur trousseau — un bahut de l'époque et de style authentique. En outre, Giotto, au lieu du lit, fit faire sur commande une grande paillasse sur quatre pieds et deux colonnes qu'il couvrit d'une étoffe ancienne. Ainsi aménagée, avec son parquet reluisant et ses murs à neuf, la chambre de Giotto était « une chambre de monsieur », un coin de musée.

Réglée la question de la chambre à coucher, il s'attaqua à la salle à manger. A l'exception de deux étroites pièces, dont l'une pour elle et la seconde pour Abraham, la maman lui avait abandonné le logement — et, chaque jour, Giotto agrémentait « son domaine » de quelque nouveau détail, y introduisait quelque nouveau confort. Il avait, de ses mains, placé l'électricité dans tout l'intérieur; il avait acheté sur la voie publique certaines poteries dont personne n'aurait voulu et qu'il peignit en artiste; il peignit pareillement, suivant un dessin de lui, un superbe abat-jour et fabriqua deux lampes que vous eussiez dit provenir de chez Zanetti; d'une bibliothèque dont s'était servi son père et qui traînait à la maison depuis Dieu sait quand, il tira, grâce au judicieux emploi de quelques vieilles corniches, un meuble remarquable.

Giotto ne rentrait pas un soir de son

bureau sans commencer par considérer son installation et à tout coup c'était pour trouver telle ligne, telle particularité qui lui avait échappé la veille : alors d'appeler la maman pour avoir son avis... L'avis de la maman? La maman admirait, extasiée... et embarrassée.

Sur le beau et le laid, Judith avait des conceptions un peu bourgeoises. A son sens, étaient beaux les salons, rouge et or, de Pitti ou, par exemple, « les meubles liberty » des devantures de la rue Cavour; quant à ce sombre bahut... ma foi, en aucun cas elle ne l'eût choisi..., ni cette lugubre armoire dépourvue de glace. Ces meubles, ils l'impressionnaient, ils l'intimidaient comme s'ils avaient appartenu à un étranger. Ils étaient du goût de Giotto... sans quoi elle n'aurait jamais soupçonné qu'ils fussent beaux... Ah! de la bibliothèque et des lampes, il en allait différemment. La bibliothèque et les lampes, elles étaient l'œuvre de Giotto... et donc pas d'hésitation : elles étaient belles... Enfin, ce sombre bahut et cette lugubre armoire... Hé! oui, ils étaient beaux, puisqu'ils plaisaient à Giotto. Il avait tant d'esprit, Giotto!

Restaient les meubles dont on usait précédemment. Giotto avait songé à s'en dessaisir. Toutefois, Judith, s'y étant opposée, les avait entassés dans les deux chambrettes qu'elle s'était réservées.

« C'est si bon d'espérer que l'on mourra dans le lit où l'on a vu naître ses enfants, dans le lit où l'on a pleuré et où l'on a eu aussi sa part de bonheur. » Pour ne pas quitter Giotto, Judith se serait accommodée d'une soupente, voire d'un campement à ciel ouvert. Cependant, puisqu'elle pouvait, sans se séparer de Giotto, puisqu'elle pouvait mourir au milieu de ses meubles, pourquoi se serait-elle privée de cette satisfaction?

Tout, dans l'existence de Judith, tournait dès à présent au mieux. Intelligente, calme, apte à comprendre et le fils et la maman, la fiancée de Giotto était exactement la femme qu'elle souhaitait pour lui. D'elle, pas une visite qu'elle n'apportât à sa future belle-mère quelque modeste cadeau — du chocolat, un tablier... En s'attardant auprès de Judith, elle s'intéressait à sa clientèle et elle l'aidait à enfiler l'aiguille de sa machine et elle intervenait dans la confection des boutonnières difficiles à des yeux fatigués. Bref, elle se montrait pleine de tact et d'attentions et Judith était enchantée de Sarah. Si les menues gracieusetés de ce genre agréent d'ailleurs à toutes les femmes, combien Judith, elle, n'en était-elle pas touchée ! Ces gentillesses toujours inattendues, elle y discernait immanquablement une faveur de Dieu.

N'eût-il dépendu que d'elle, le mariage aurait eu lieu sur-le-champ. Mais Giotto craignait terriblement la gêne et, nature pondérée, ne « s'emballait » pas à la manière de la maman. Il ne se marierait qu'en ayant une petite somme devant lui. Judith contribua évidemment, dans la mesure de ses moyens, à grossir le dépôt à la Caisse d'épargne, et le jour solennel arriva.

Magnifique, cette noce. Il y eut, après la cérémonie à la synagogue, réception chez l'épousée. Bonbons, gâteaux et rafraîchissements à discrétion. Plus de soixante personnes s'empressèrent à complimenter Giotto et Sarah. Plus de soixante personnes, tous leurs collègues et même leur chef de bureau, — lequel, galant jusqu'au bout des ongles, leur avait offert une pendule au mécanisme fonctionnant dans le ventre d'une superbe Italie de bronze.

Le couple partit pour Gênes, Rome, Naples..., absolument comme dans les voyages de noces dont parlent les romanciers. En route, ils descendirent dans les grands hôtels dont on lit « la réclame » sur les quais des gares et, de toutes les villes et de tous les hôtels, ils adressèrent à la maman une carte postale illustrée. Et, devant ces images, Judith — qui n'avait jamais voyagé ni désiré voyager — Judith demeurait bouche bée, comme si les cités et les palaces n'avaient été bâtis que pour contempler le bonheur de ses enfants.

A leur retour, Judith, elle aussi, reçut chez elle. Réception intime, celle-là. Réception ne réunissant que les proches parents et les amis de choix, et à la fin de laquelle la maman remit aux jeunes époux

« une chanson », — une chanson qu'elle avait fait reproduire en lettres d'or sur un papier transparent et que l'on aurait pris pour du parchemin. Dans cette chanson-là, Judith suppliait le Seigneur de maintenir entre les époux l'amour et la concorde (c'est-à-dire de leur continuer la grâce la plus insigne qu'Il puisse octroyer aux hommes) et elle suppliait sa bru de donner une part d'affection à Abraham, — à Abraham, « la première lumière de sa vie », à Abraham, qui avait si profondément besoin que l'on s'occupât de lui, qu'on le dirigeât et qu'un cœur répondit à son cœur.

Et Judith terminait sa chanson en disant à Dieu qu'Il pouvait la rappeler à Lui et la rendre à Benvenuto, à présent que Giotto et Abraham avaient auprès d'eux un solide appui : mais Dieu, voulant lui permettre de jouir du bonheur de ses enfants, la laissa sur terre — et elle vit encore. Elle vit entre Giotto et Sarah, dans l'aimable foyer dont l'élégance l'intimide un peu. Elle vit et chaque jour elle évoque les grandes joies qu'elle a eues dans son existence. Jamais elle ne pense à ses peines, puisque les peines sont « du domaine commun ».

Traduit de l'italien
par Gaston Choisy.

GILDA

(Turin. 1870-1900)

I

L'ingénue Gilda, la soumise Gilda, incapable de critiquer... osait tenir tête à sa mère, pour protéger ses sœurs.

Elles étaient cinq sœurs, rangées en bataille comme les tuyaux d'un orgue. Le père était banquier; la mère, fille aînée d'un riche négociant. Celui-ci, trompé dans son espoir d'un héritier mâle, avait décrété que sa fortune serait divisée par parts égales, non entre les trois filles que le sort lui avait données, mais entre leurs enfants du sexe masculin.

La mauvaise chance avait poursuivi

Enrichetta, sa préférée : elle n'avait eu que des filles.

Les cinq filles de Donna Enrichetta étaient venues au monde au grand dépit de leur mère et de leur grand-père, et bien que Gilda, l'aînée, eût déjà quinze ans, ni la mère, ni l'aïeul ne s'étaient encore consolés qu'elle fût une fille.

Cinq filles! Cinq dots à donner et aucun héritage à espérer. Quels que fussent les gains de son mari, Donna Enrichetta était fort préoccupée, et, à chaque nouvelle naissance, elle imposait à la famille de nouvelles restrictions. Quand Gilda était née, la maison Mantova possédait une voiture et des chevaux, des domestiques en livrée, un chef de cuisine et un magnifique appartement dans un palais à elle, au milieu d'un des quartiers les plus élégants de la ville. Le chef avait été congédié à la naissance des deux jumelles, Rosa et Rebecca. Avec celle de Berta et d'Esther avaient disparu les domestiques, et à la fin il n'était plus resté, comme vestige de l'ancienne grandeur de la famille, que l'appartement fastueux et une voiture à son chiffre qui venait invariablement deux fois par semaine chercher la mère et les filles pour les conduire au Corso ou les mener faire des visites.

« Le Corso », les « visites » étaient le supplice des cinq fillettes, non qu'elles dédaignassent ces distractions alors en vogue, mais à cause de la manière dont elles devaient y paraître. Donna Enrichetta professait des théories toutes à elle sur l'économie et le gaspillage, sur le décorum et le luxe, sur le beau et le laid ; théories qui ne s'accordaient pas avec celles de la majorité des humains, et les enfants sont très humiliés à l'idée d'être différents des autres, c'est-à-dire inférieurs.

Pour Donna Enrichetta, une belle robe était toujours belle, et, pour être belle, il suffisait qu'elle fût faite d'une riche étoffe et taillée par un grand couturier. Si bien que, quand elle allait au Corso ou faisait des visites, Donna Enrichetta sortait d'un vénérable coffre hérité de ses aïeules certaines robes de soie comme on en faisait autrefois, qui se tenaient toutes raides autour de sa maigre personne et lui donnaient un aspect plutôt ridicule.

Par bonheur, les filles n'avaient hérité des aïeules aucune robe, mais elles devaient endosser tous les laissés pour compte d'une grande couturière, fournisseur de la famille, toilettes d'une grande prétention, parce que tel était le goût de leur mère, mais passées de mode, parce qu'on les avait ainsi à meilleur compte. Et c'était un sujet de honte pour les jeunes filles, surtout pour Rosa et Rebecca qui marchaient sur leurs quinze ans, de se faire traîner en grande pompe au Corso ou à des visites, vêtues des ex-modèles prétentieux d'une grande couturière, assise aux côtés de leur mère, fagotée dans sa toilette centenaire.

Et le supplice ne finissait pas avec la promenade hebdomadaire. Donna Enrichetta raffolait du théâtre, recevait chez elle les meilleurs acteurs et auteurs dramatiques de la saison, et ne laissait jamais passer une première sans prendre une loge. Il fallait encore en cette occasion paraître tous les cinq dans une loge, et monter pompeusement en voiture, affublées de certains manteaux surannés qui faisaient rire le public derrière leur dos.

— Petites sottes, — disait la mère, quand Rosa et Rebecca hésitaient à s'habiller, — qui donc fait attention à vos toilettes? La voiture garantit que vous avez une dot, et une jeune fille qui a une dot trouve toujours un mari.

Rosa et Rebecca n'étaient pas très persuadées, mais elles n'osaient pas protester. Personne à la maison n'osait faire des objections à Donna Enrichetta, pas même le père, très tendre pour ses filles et qui se serait pourtant jeté au feu pour elles, personne, sauf Gilda, la fille aînée.

A vrai dire, Gilda ne souffrait pas des goûts maternels; c'était une de ces âmes simples qui viennent au monde pour aimer, qui aiment leur père et leur mère, parce que ce sont leur père et leur mère; qui aiment la maison où elles sont nées, les meubles au milieu desquels elles ont vécu, par la simple raison qu'elles y sont nées, qu'elles ont grandi avec, sans les juger, sans même envisager qu'ils puissent être différents de ce qu'ils sont. C'était une de ces créatures douces et paisibles qui sont incapables de se révolter. Si Gilda eût été fille unique, jamais elle ne se serait aperçue que les goûts de sa mère étaient un peu extravagants; jamais elle ne se serait imaginé que la promenade au Corso ou les visites l'ennuyaient comme elles ennuyaient ses sœurs : « Si sa maman disait que c'était un divertissement, c'était sûrement un divertissement. »

Mais si Gilda aimait sans condition son père et sa mère, elle aimait également ses sœurs, surtout Rosa et Rebecca, qu'elle considérait comme ses filles, et souffrait beaucoup de les sentir souffrir. Aussi arrivait-il parfois que l'ingénue Gilda, la soumise Gilda, incapable de critiquer, de juger, osât élever la voix pour protester contre une vieille toilette de ses sœurs, pour proposer à sa mère de renoncer à une première, et de louer à la place un piano pour Rosa et Rebecca, passionnées de musique; de renoncer à un vieux modèle de Bellom pour acheter de l'étoffe à la mode, avec laquelle on ferait à la maison une robe plus moderne. Mais Gilda n'avait pas d'autorité. Suivant les théories maternelles, on ne pouvait, dans la famille Mantova, s'habiller chez une petite couturière, et un piano muet suffisait pour des jeunes filles qui avaient une dot. Le piano muet, autre tourment de Rosa et de Rebecca, avait été une trouvaille géniale de Donna Enrichetta. Elle avait acheté à ses filles un piano qui avait la spécialité de ne donner aucun son. Elle croyait ainsi avoir résolu le problème de ne pas être ennuyée toute la journée par les exercices de ses cinq filles, et de leur donner cependant l'agilité nécessaire pour jouer quelque air de danse ou accompagner quelque romance, talent qu'elle jugeait nécessaire et suffisant, comme la dot et la voiture, pour des jeunes filles de bonne famille qui devaient trouver un mari.

*
* *

Depuis des années, la maison Mantova continuait ainsi à exécuter le programme de Donna Enrichetta, quand un effroyable malheur s'abattit sur la famille. Gilda finissait alors sa dix-huitième année.

A l'instigation de Donna Enrichetta, son mari, homme très prudent et ami des petits gains qui laissent dormir tranquille, s'était laissé aller à spéculer à la Bourse, et avait perdu presque toute sa fortune.

Donna Enrichetta ne perdit point la tête, ne tourna point les traits de sa colère contre le mari qu'elle avait mal conseillé, et s'occupa tout d'abord de payer les dettes, car, pour une femme qui a vécu dans un milieu de commerçants honnêtes, payer ses dettes est le premier et le plus essentiel des devoirs. Elle vendit tout : voitures, meubles fastueux, palais familial, jusqu'à ce que tout le passif fût réglé. Puis, avec les restes de l'ancienne fortune, elle se retira pour y vivre, avec son mari et ses cinq filles, dans un très modeste appartement d'une maison de rapport.

Dans cette circonstance, Donna Enrichetta fut stoïque, car, sous sa toilette extravagante, elle avait des principes droits et solides, et de même qu'elle était indifférente à ce que pouvaient dire les gens, quand elle était riche, elle y fut indifférente, une fois les dettes payées, quand elle fut pauvre, se gardant d'ajouter aux chagrins de la pauvreté les rancœurs de l'orgueil blessé. Son mari, au contraire, pauvre homme qui, auparavant, n'avait eu ni son goût de tyranniser, ni son indifférence, n'eut point, après coup, son stoïcisme. Il ne sut résister au cataclysme, et s'en affligea tellement qu'il en mourut peu de temps après.

Seule, avec cinq filles à faire vivre à l'aide de moyens très réduits, Donna Enrichetta, qui connaissait parfaitement ses défauts et ses filles, et qui se rendait compte que Gilda était meilleure administratrice qu'elle-même, l'éleva tout à coup à la dignité de cuisinière, de femme de chambre, et même d'intendante de la maison. Donna Enrichetta ne s'était pas trompée. Gilda était très entendue, elle avait beaucoup de bon sens et s'acquitta si bien de ses fonctions que, tout en dépensant infiniment moins qu'auparavant, elle trouva moyen de faire sortir du budget certaines toilettes pour Rosa et Rebecca, temps de la plus grande splendeur de la famille.

Mais il ne suffisait pas de faire des économies, il fallait mettre les cinq filles en état de gagner leur vie, puisque, à présent, il n'y avait plus ni voiture ni dot pour leur garantir un mari. Les petites Esther et Berta allaient encore à l'école élémentaire. Gilda était affectée à la tenue de la maison. Restaient Rosa et Rebecca. Elles n'avaient jamais eu qu'une instruction tout à fait superficielle : un peu de langues modernes au lycée, un peu d'exercices sur le piano muet. C'était trop peu pour remplir n'importe quelle fonction en dehors de la maison. Il fallait trouver quelque chose, mais quelque chose qui s'adaptât à leur nouvelle situation. Gilda proposa donc à la mère de les mettre pour de bon aux études de piano, de façon qu'elles pussent, plus tard, donner des leçons.

Gilda était devenue une autorité dans la famille, depuis qu'elle avait assumé, avec tant de succès, les fonctions de maîtresse de maison. La mère approuva sans restriction sa proposition, objectant seulement la difficulté de distraire du petit revenu qui leur était resté la somme nécessaire pour leur faire donner des leçons particulières; mais Gilda avait son projet.

Dans leur maison, qui était une maison de rapport, une maîtresse de piano avait parfois recours à Gilda pour quelque point à faire à la machine. Gilda comptait lui offrir deux heures de couture pour une heure de leçons de piano à Rosa et à Rebecca. La mère approuva, la maîtresse accepta, et Rosa et Rebecca eurent un véritable piano où elles purent jouer de la vraie musique. Gilda entrait en extase, quand elle les entendait, et aussi la mère qui, n'ayant plus beaucoup d'autres distractions, était enchantée de ces concerts domestiques. Rosa et Rebecca firent de rapides progrès ; l'une enseignait à l'autre, et toutes deux aux plus petites, si bien qu'une seule leçon suffisait pour les cinq fillettes et que, n'eût été le malheur de leur pauvre père, elles eussent béni la catastrophe qui les avait libérées de la « dot », à l'aide de laquelle on avait réponse à tout.

*
* *

La mère, cependant, n'était pas encore satisfaite. J'ai dit que Donna Enrichetta aimait le théâtre et qu'aux temps de sa richesse, elle recevait souvent des auteurs et des acteurs. Ceux-ci lui étaient restés fidèles dans sa pauvreté, et lui envoyaient fréquemment des places, accueillies par les cinq jeunes filles avec un bien autre enthousiasme que les loges d'autrefois.

Les plus assidus étaient naturellement les auteurs et acteurs d'une compagnie qui jouait en dialecte, et qui avait son siège dans la ville même.

Or voici quelle fut l'idée de la mère. Combien faudrait-il encore d'années à Rosa et à Rebecca pour arriver à gagner leur vie au moyen du piano ? Et ensuite combien gagneraient-elles ? Autant que la maîtresse qui leur donnait des leçons? C'est-à-dire autant qu'il en faut pour mourir de faim. Et les leçons de piano aideraient-elles les jeunes filles à trouver un mari? Ou faudrait-il qu'elle-même gardât éternellement avec elle cinq filles à marier? « Rosa et Rebecca sont deux belles filles, — dit un jour la mère à Gilda. — Elles sont spirituelles et intelligentes. Si nous les mettions au théâtre (Gilda était désormais considérée comme une seconde mère). Si nous en parlions au directeur de la Compagnie Dattelli? Elles resteraient ici, à Turin, elles seraient entourées de gens de notre connaissance et, au théâtre, deux jeunes filles, belles, artistes, intelligentes comme Rosa et Rebecca, trouveront bien vite un mari. » Gilda ne trouva rien à objecter, et voilà comment, sans être consultées, Rosa et Rebecca furent vouées au théâtre.

Rosa et Rebecca n'avaient pas été consultées et, à vrai dire, elles n'avaient même jamais pensé à entrer au théâtre, car elles n'avaient ni l'imagination, ni l'énergie de leur mère, mais, en somme, le projet ne déplut ni à elles, ni à la compagnie dramatique, et plut infiniment à l'auteur, ami de la famille, lequel composa en leur honneur une comédie intitulée précisément *Les Deux Sœurs*. Rosa et Rebecca étaient fort intelligentes, elles apprirent à jouer avec art et, quelques années après, brillèrent comme deux étoiles de première grandeur.

Mais, au théâtre, outre l'intelligence et la beauté, il faut aussi des costumes, beaucoup de costumes. Gilda fréquenta une école de coupe et apprit à tailler des vêtements comme une véritable couturière et, comme le goût de Rosa et de Rebecca était excellent et qu'elles avaient beaucoup d'idées, Gilda leur faisait des costumes magnifiques, comme personne n'en avait dans la compagnie. Et quand Rosa et Rebecca revenaient et rapportaient à Gilda les compliments que leur avaient attirés leurs costumes, et la curiosité que tous manifestaient de connaître le nom et l'adresse de leur couturière, Gilda était contente, si contente qu'elle en rêvait dans son sommeil et qu'elle ne rêvait pas seulement, mais que souvent elle se relevait la nuit, tout doucement, sans faire de bruit, pour coudre, pour teindre, pour rafistoler quelque vieux costume de ses sœurs, et que, le matin, elle était aussi joyeuse de voir l'ouvrage fait que si une bonne fée, à sa prière, avait travaillé à sa place. Et elle riait, elle riait, plus heureuse que ses sœurs elles-mêmes, quand le parterre retentissait des applaudissements qui leur étaient destinés.

Pour elle-même, Gilda n'arrivait jamais à faire quoi que ce fût, et elle avait rarement le temps d'aller voir jouer ses sœurs. Mais quand, par hasard, elle y allait, quelle extase et quelle joie ! Y avait-il au monde une jeune fille plus heureuse que Gilda, qui avait pour sœurs deux artistes applaudies, et à qui il était donné de contribuer, par les costumes qu'elle taillait et cousait, au succès de ces deux sœurs qui jouaient si bien?

Et Gilda, à la vue de ses sœurs, était plongée dans une véritable extase : elle agitait béatement sa haute personne un peu massive, en écarquillant ses yeux ronds, brillant d'une joie qui dépassait toujours son espoir et son attente.

Gilda n'était pas belle, elle était un peu, comme on dit, taillée à coups de serpe :

trop grande, trop grosse, un peu gauche dans ses mouvements, mais elle avait un coloris splendide, une chair fraîche et pleine, une telle expression de bonté sur le visage, une attitude toujours si attentive aux désirs d'autrui, qu'on avait envie de l'embrasser toutes les fois qu'on la voyait.

Quant à plaire, à s'habiller, à s'arranger, elle n'y avait jamais pensé, tout occupée qu'elle était à habiller et à ajuster ses sœurs. Elle n'avait guère plus de vingt ans, mais elle se considérait déjà comme mère et grand'mère, et elle avait coutume de dire, en s'adressant à Donna Enrichetta : « Pour nous, ce n'est pas la peine ».

Les années passèrent, Rosa et Rebecca trouvèrent de bons maris et se marièrent, et Gilda confectionna leur trousseau, leur elle se trouva toute désemparée. A présent linge personnel et le linge de maison, et même le *taled,* le grand châle sous lequel le rabbin célèbre le rite des noces, puis que Rosa et Rebecca étaient parties, qu'avait-elle encore à faire sur la terre? Il restait les petites : Esther et Berta, qui, bien que Gilda les appelât petites, allaient à leur tour sur leurs vingt ans. Mais les petites ne se rappelaient pas les temps difficiles de la richesse ; elles ne savaient pas s'enthousiasmer pour les robes de Gilda, elles ne savaient pas comprendre ce que Gilda était pour elles. Elles trouvaient stupide cette grande sœur qui se sacrifiait sans nécessité pour les autres, et Gilda n'avait pas de goût à s'occuper d'elles comme elle s'occupait de Rosa et de Rebecca. Elle s'en occupait tout de même, parce que des sœurs sont toujours des sœurs, mais, maintenant que Rosa et Rebecca étaient mariées, il lui restait beaucoup de temps de libre et beaucoup de vide au cœur. Ce temps et ce vide, sans que Gilda s'en aperçût, furent rapidement accaparés par toutes les colocataires. Quiconque, dans la maison, avait besoin de quelque chose, avait recours à Gilda. « Signorina Gilda, pouvez-vous accompagner le petit chez le chirurgien, je n'ai pas le temps? — Signorina Gilda, pouvez-vous me couper cette robe? — Signorina Gilda, pouvez-vous m'aider à faire une galantine? » Mais oui, bien sûr, non seulement la Signorina Gilda avait toujours du temps pour tout et pour tous, mais elle était si heureuse de faire plaisir, si satisfaite de pouvoir, en perdant une heure, être utile à quelqu'un, qu'au lieu d'attendre du retour, c'est elle qui croyait avoir contracté une dette de reconnaissance.

Avoir une occasion de faire quelque chose pour quelqu'un était pour elle une fête, un enchantement. Aussi le samedi était-il son supplice. La mère avait une religion un peu spéciale, comme ses idées esthétiques. Elle n'en avait jamais beaucoup inculqué à ses filles : elle ne leur avait jamais appris à lire l'hébreu, et ne s'astreignait même pas aux rites, mais le sabbat était pour elle imprescriptible. Durant toute la journée du samedi, la famille devait observer le repos le plus rigoureux, on ne pouvait rien faire le jour du Seigneur, ni coudre, ni ranger, ni allumer le feu, ni servir les autres. Pauvre Gilda ! Que de péchés de désir elle faisait ce jour-là, et combien lui paraissaient longues les vingt-quatre heures qui séparaient la première étoile du vendredi de la première étoile du samedi ! Le matin du samedi, Donna Enrichetta se rendait au temple avec ses filles. Elle consacrait l'après-midi aux visites. Gilda allait volontiers au temple, mais les visites étaient pour elle un supplice. « Qu'avait-elle à dire à ces dames qui parlaient un langage si différent du sien ? » Et alors Gilda, sur les onze heures, à la sortie du temple, passait chez nous avant de rentrer à la maison. Gilda était notre parente : elle savait que chez nous il y avait toujours beaucoup de copies à faire, et Donna Enrichetta, je ne sais pas bien pourquoi, n'avait pas mis la copie au nombre des actes prohibés.

— Est-ce qu'il n'y a rien à faire pour moi aujourd'hui? — demandait-elle tout essoufflée d'avoir monté l'escalier en courant, pendant que sa mère attendait en bas.

— Mais si, beaucoup au contraire, et même en français. Oh ! Comme Gilda aimait à copier en français !

— Il lui semblait, disait-elle, qu'elle devenait une autorité.

— Demande à ta mère qu'elle te laisse déjeuner avec nous ; je te reconduirai, cet après-midi, quand papa ira faire son cours.

Gilda poussait un soupir de satisfaction, et se précipitait au bas de l'escalier pour obtenir la permission demandée. La mère donnait son consentement, car elle aimait Gilda et il lui était agréable de procurer à sa fille un divertissement aussi ingénu que gratuit, d'autant plus que le repas était tout préparé, et que Gilda n'était pas nécessaire à la maison le samedi.

Gilda restait donc et immédiatement s'asseyait pour commencer à copier. Elle avait une écriture grosse et ronde comme celle qu'emploient, pour leurs devoirs, les enfants appliqués de la quatrième élémentaire. Et elle copiait, page par page, sans s'arrêter, jusqu'à l'heure du déjeuner. Mon père arrivait à ce moment et se répandait en compliments hyperboliques sur la quantité aussi bien que sur la qualité des pages copiées, sur la belle écriture grosse et lisible, sur l'exactitude des citations ; — et Gilda riait de son bonheur, heureuse comme au temps où Rosa et Rebecca endossaient leur toilette la plus réussie. Aussitôt le café pris, elle recommençait à écrire, et il n'y avait pas moyen de la faire cesser, jusqu'au moment où l'on sortait pour accompagner mon père à sa leçon.

C'était là une vie pleine où il n'y avait place ni pour les rêveries sur l'avenir ni pour l'envie, ni pour une sentimentalité quelconque ; une vie dont l'unique but était de chercher à faire plaisir et que la possibilité d'y réussir suffisait à rendre heureuse et douce.

Or voici qui lui arriva une chose : une chose que personne n'aurait jamais imaginée et Gilda moins que tout autre.

Un parent éloigné, représentant de commerce, qui venait quelquefois à Turin, entre deux courses, faire visite à la famille

Mantova, s'était décidé à ouvrir pour son compte un petit laboratoire. Mais, pour ouvrir un laboratoire, il avait besoin de quelqu'un qui l'aidât et qui pût le remplacer, quand il serait obligé de s'absenter. Il avait pensé que personne ne pouvait l'aider mieux qu'une femme, et qu'aucune femme ne s'accommoderait mieux à ses goûts que Gilda, et il était venu ainsi, tout simplement, sans même se faire précéder d'une lettre et sans assaisonner sa proposition de préambules sentimentaux, faire sa demande en mariage à Gilda elle-même.

Celle-ci tomba des nues : « Quoi ! c'était elle, précisément elle, que son parent voulait épouser? Mais est-ce qu'il ne se trompait pas? N'était-ce pas une des jeunes sœurs qu'il voulait? Quelle idée bouffonne de vouloir l'épouser, précisément elle, une créature aussi peu intéressante ! » Gilda s'était mise à rire, à rire, tout en laissant cependant baiser sa grosse main.

Perdre Gilda était un désastre pour la petite famille, mais le parent était un jeune homme bon, paisible et laborieux, qui devait faire son chemin et une mère qui, comme Donna Enrichetta, était née et avait grandi dans la religion du mariage ne pouvait refuser une pareille bonne fortune pour sa fille. Et puis, on ne sait jamais, il y avait deux autres filles à marier, une cerise tire l'autre, une fille mariée est souvent le meilleur moyen de caser les autres. Donna Enrichetta donna donc aussitôt son approbation.

— Mais si, Gilda, ce n'est pas si étonnant que cela, tu as vingt-six ans, tu n'es pas vieille au point de ne pouvoir plus te marier.

Sa mère approuvait ? Sa mère donnait son consentement ? Elle aurait une maison et des enfants à elle ? Oh ! combien Gilda était reconnaissante à ce cousin éloigné ! Quelle immense affection éclata dans son cœur pour lui ! Quel sacrifice elle aurait voulu faire pour la lui témoigner !

— Mais non, aucun sacrifice, — se bornait à dire le cousin, — seulement l'épouser le plus tôt possible, dans un mois ou deux. Pour se connaître, on se connaissait. Lui, pour son compte, était prêt à l'épouser même le lendemain, donc à quoi bon retarder? Il avait besoin d'ouvrir son laboratoire, et il attendait d'être marié pour l'inaugurer.

— Un mois, deux mois! Mais il n'y a pas le temps de faire le trousseau!

— Oh! bien, peu importe, on te le finira au laboratoire!

— Pour cela, jamais! Le trousseau, c'est moi qui dois le faire, et je le ferai, quand même je devrais rester levée toutes les nuits.

Quand les voisines apprirent les fiançailles de Gilda, ce fut comme un joyeux événement pour toutes. La reconnaissance n'est pas une vertu très répandue; mais, si elle se manifeste difficilement pour les grands sacrifices d'autrui qu'on désire souvent ne pas révéler, elle est assez fréquente pour les petits services qu'on a reçus à la lumière du soleil et dont on peut se targuer d'être reconnaissant. Les petits plaisirs qu'on devait à Gilda n'avaient rien de caché et personne ne pouvait se trouver humilié d'en témoigner sa gratitude. Aussi chacune des colocataires se fit-elle un devoir de les reconnaître, chacune voulut l'aider à coudre ses robes, et voulut lui faire cadeau de quelque objet de trousseau, un objet qu'elle porterait toujours et qui lui rappellerait leur affection.

Quand Gilda se maria, ce fut une pluie de fleurs, de cadeaux, comme Rosa et Rebecca elles-mêmes n'en avaient pas reçus. L'escalier était tout fleuri, et les enfants de toute la maison, vêtus de blanc comme pour la procession, s'étaient mis en haie sur toutes les marches pour jeter des feuilles de rose sur les pas des fiancés. La maîtresse de piano voulut jouer au temple, les voisins se cotisèrent pour offrir à Gilda une voiture de noces pour la journée, un de ces carrosses tout en vitres, avec une place pour les bouquets de fleurs qu'elles placèrent elles-mêmes dans des cornets de carton brodé.

Gilda se rendit au temple dans ce magnifique appareil, flanquée de monceaux de roses, et, dans ce même appareil, elle revint à la maison, où toutes les colocataires réunies lui offrirent un *ricevimento* comme n'en avaient même pas eu Rosa et Rebecca qui, pourtant, avaient épousé des seigneurs. Et, au départ, tous voulurent l'accompagner à la gare, et ils pleuraient et ils riaient, comme si c'était la sœur de chacun d'eux qui les eût quittés.

*
* *

Gilda se rendit à Milan et aussitôt commença pour elle une année de bonheur si entier et si complet que jamais, dans ses rêves les plus audacieux, elle n'aurait osé l'imaginer. Son mari était si bon et si épris d'elle! Où aurait-il pu trouver une femme aussi prévenante et aussi dévouée? Au logis, tout était toujours prêt, toujours en ordre. Au laboratoire, Gilda trouvait moyen d'être toujours présente. Comment faisait-elle pour se multiplier ainsi? Et le mari s'émerveillait chaque jour, et son étonnement sincère était le plus grand cadeau qu'il pût faire à sa femme.

Bientôt, l'espérance d'un « heureux événement prochain » vint rendre plus grande encore leur félicité.

— Un enfant ! Elle aurait un enfant à

elle, plus à elle encore que Rosa et Rebecca. Etait-ce possible? Non, jamais elle ne pourrait aimer quelqu'un plus que Rosa et Rebecca. — Cependant, tandis qu'elle songeait à son enfant et pensait à ce qu'elle ferait pour lui, ses mains agiles s'employaient à fabriquer les minuscules pièces du trousseau du petit héritier attendu.

L'enfant naquit : ce fut une fille, grande et grosse comme si elle avait déjà deux mois. Une petite fille qui faisait : « Ueh! ueh! » et paraissait si heureuse de sucer le sein de sa mère.

— Mais non, ce n'était pas possible, — avait décrété le mari. Ils ne pouvaient, dans leur situation, élever un enfant chez eux. Le porter au laboratoire toute la journée, c'était l'exposer à la consomption et, au logis, avec qui l'auraient-ils laissé? Il fallait le mettre en nourrice.

Pauvre Gilda! mettre sa fille en nourrice! Confier à d'autres mains que les siennes le petit être né d'elle! Mais le raisonnement du mari était trop juste. Qu'aurait dit plus tard la fillette si on l'avait laissée grandir, maladive, dans l'air méphitique du laboratoire, ou si la femme qui devait la surveiller l'avait négligée?

Gilda la nourrit vingt jours, vingt jours de paradis que le médecin la contraignit à passer à la maison et puis elle-même la conduisit à Musocco, chez la nourrice qu'elle avait précédemment choisie.

Elle revint ; on approchait des fêtes de Noël. Il y avait tant à faire au laboratoire que Gilda n'avait jamais une minute pour courir voir sa fille. Et puis elle était si lasse, si lasse! C'était, pensait-elle, le lait qui se résorbait. Mais jamais elle n'aurait cru que, pour tarir, le lait causât une telle fatigue.

Enfin, à Noël, il y eut deux jours de repos. Le matin de Noël était froid et brumeux, mais, ce jour-là, comment Gilda aurait-elle pensé au froid? Elle prit le tram et se rendit chez la nourrice. Elle trouva la fillette aussi bien que possible. La nourrice était une perle. Gilda n'avait jamais trouvé autour d'elle que des perles! Elle sortit enchantée de la maison de la nourrice, mais, malgré sa joie, ses jambes lui pesaient, lui pesaient. Elle eut toutes les peines du monde à rejoindre le tram et, quand celui-ci s'arrêta à Milan, Gilda n'eut plus la force de se traîner jusqu'à sa maison, pourtant voisine. Elle dut prendre une voiture et, quand la voiture s'arrêta devant la porte, elle fut obligée d'appeler le concierge pour l'aider à monter l'escalier. Le concierge alla prévenir le mari et celui-ci accourut.

— Qu'as-tu?

— Rien, je suis fatiguée, fatiguée. C'est le lait qui passe, le lait, mais je n'aurais jamais cru...

Le médecin, appelé d'urgence, trouva la malade dans un état grave, très grave : c'était bien autre chose que du lait rentré, c'était une fièvre typhoïde négligée et aggravée par le récent accouchement. Il ne répondait de rien.

De la chambre voisine, Gilda entendit et eut un faible sourire : « Elle, malade ? gravement malade ? Le médecin se trompait ; elle n'avait jamais été malade. C'était le lait qui rentrait. »

Peu de jours après, l'émotion, la crainte, la fatigue forçaient le mari à s'aliter à son tour. Que faire ? Gilda aurait voulu se lever, elle ne réussit même pas à mettre ses pieds hors du lit. On fit venir une infirmière. Gilda était toute honteuse d'avoir à ses côtés une personne qui s'occupait d'elle, d'elle qui s'était toujours occupée des autres, et continuellement elle l'éloignait :

— Non, allez voir à côté, c'est pour mon mari que nous vous avons appelée, allez dans sa chambre, moi je n'ai besoin de rien.

J'allai la voir. Elle avait la fièvre, mais ne délirait pas : elle me parla de sa fillette, de son mari, me dit qu'elle était si heureuse ! La maladie? Moins que rien, le docteur se trompait, elle se sentait déjà mieux; ce qui l'inquiétait, c'était son pauvre mari ! Quel chagrin pour elle de ne pouvoir le soigner ! Cette infirmière était une brave femme, mais elle ne pouvait pas savoir, la malheureuse, où étaient les choses ; elle ne connaissait pas les habitudes de la maison.

— Va donc à côté, va voir comment il se trouve et dis-moi ce qu'il a.

Pour lui faire plaisir, je passai dans la chambre de son mari. Quand je revins, Gilda avait perdu connaissance, l'agonie commençait, et son doigt levé paraissait encore faire signe : « Va donc à côté, ce n'est pas moi, c'est lui qui est malade. »

Traduit de l'italien
par Fr. Le Hénaff.

TABLE DES MATIÈRES

I. F. E., 12, Rue de l'Abbé-de-l'Epée. — Paris Ve
L-78-5-5-26

I. F. E., 12, Rue de l'Abbé-de-l'Epée. — Paris V^e

L-18-6-5-26

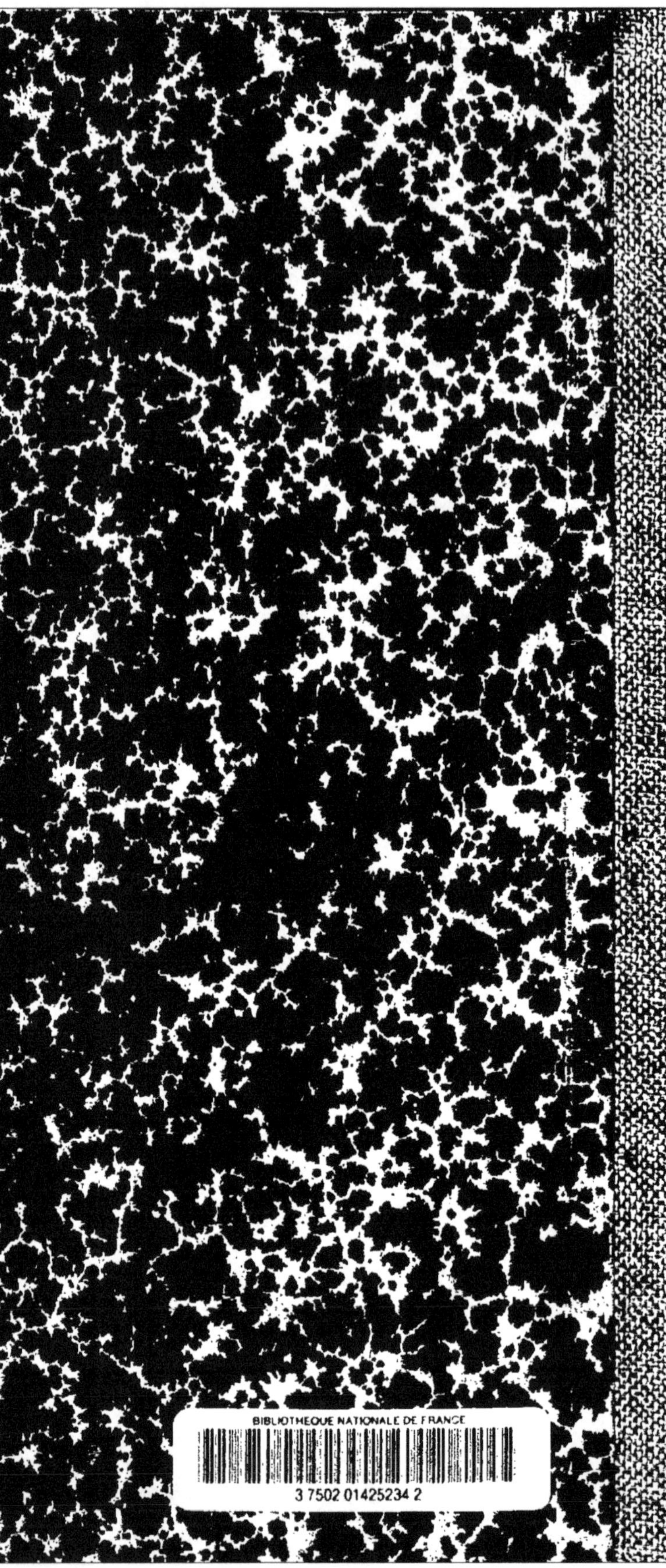

www.ingramcontent.com/pod-product-compliance
Ingram Content Group UK Ltd.
Pitfield, Milton Keynes, MK11 3LW, UK
UKHW022008170726
13837UKWH00001B/56

9 782329 195551